DISPENSABLE

DU

IVATEUR,

CONTENANT

mesures de capacité usitées en France
grains, comparées entre elles pour
et les prix, et aux cent kilos.

différents Sacs ou Barils usités en France pour la
Farines, comparés aux prix des blés quels que
l'achat, les rendements, déchets, frais de
prix des produits inférieurs.

des différents usages de vente des Farines
usités, comparés entre eux,

Claude BATHIAS.

5e ÉDITION REVUE ET CORRIGÉE.

Prix (*franco*) : 2 Fr.

CHALON S. S.,
Libraire-Éditeur,
des anciennes librairies
et

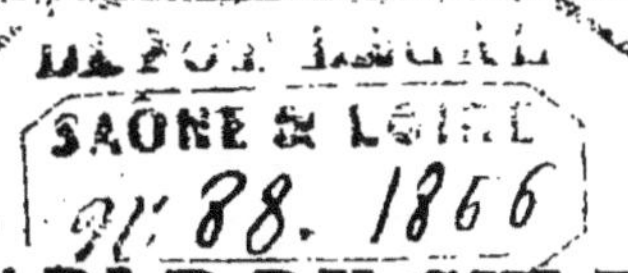

L'INDISPENSABLE DU CULTIVATEUR

CONTENANT

BARÊME des mesures de capacité usitées en France pour les grains, comparées entre elles pour les poids et les prix, et aux cent kilos.

Prix des Différents Sacs ou Barils usités en France pour la vente des Farines, comparés aux prix des blés quel que soit le mode d'achat, les rendements, déchets, frais de mouture et prix des produits inférieurs.

ET

BARÊME des différents usages de vente des Farines usités, comparés entre eux,

PAR

Claude BATHIAS,

5e ÉDITION REVUE ET CORRIGÉE.

PRIX : 2 FR.

CHALON S. S.,
MULCEY, Libraire-Éditeur,
Acquéreur des anciennes librairies Fouque, Dejussieu et Gouy.

1866

CHALON S. S., IMPRIMERIE MONTALAN.

NOTA. L'arrangement adopté pour simplifier autant que possible cet ouvrage, paraîtra peut-être à première vue très-compliqué ; c'est pourquoi nous avons cru utile de recommander à ceux qui comprendraient difficilement, de lire et relire les explications qui sont plus que suffisantes pour mettre à même de se servir de cet ouvrage avec la plus grande facilité.

EXPLICATIONS.

Les transactions sur les grains se font ordinairement aux mesures e capacité suivantes :

Double-décalitre,		20 litres.
1/2 hectolitre,	2 doubles 1/2,	50 —
3 doubles,		60 —
Hectolitre,	5 doubles,	100 —
Hectolitre 1/2,	7 doubles 1/2,	150 —
Charge,	8 doubles,	160 —
2 hectolitres,	10 doubles,	200 —
3 hectolitres,	15 doubles,	300 —

Et généralement on tend à ramener l'achat des grains aux cent los. Les tableaux suivants indiquent clairement le rapport de ces esures de capacité, les unes par rapport aux autres, leur rapport x cent kilos et réciproquement, sans qu'il soit nécessaire de donner autres explications que les exemples qui suivent :

Exemple : Si le double-décalitre d'une graine vaut 4 fr. 15 c., les tres mesures vaudront :

Voir page 12.

Le 1/2 hectolitre,	10 fr.	37	Les 8 doubles,	33 fr.	20
Les 3 doubles,	12	45	Les 2 hectos,	41	50
L'hectolitre,	20	75	Les 3 hectos,	62	25
L'hectolitre 1/2,	31	12			

Et si le double-décalitre de cette graine pèse quinze kilos, les cent los vaudront 27 fr. 66.

Il est donc facile de voir que pour trouver le rapport d'une mesure e capacité aux cent kilos il faut, lorsque l'on a trouvé le poids dans entête du tableau, descendre cette colonne jusqu'en face de la somme présentant la valeur de cette mesure de capacité, et le nombre qui trouve à la jonction des lignes horizontale et verticale représente le ix des cent kilos.

RÉCIPROQUEMENT.

Si les cent kilos d'une graine valent 50 fr., et que le double de cett graine pèse 13 kilos, les mesures de capacité vaudront :

Voir p.16 et 17

Le double,	6 fr.	50	L'hectolitre 1/2,	48 fr.	75
Le 1/2 hectolitre,	16	25	Les 8 doubles,	52	»
Les 3 doubles,	19	50	Les 2 hectos,	65	»
L'hectolitre,	32	50	Les 3 hectos,	97	50

AUTRE EXEMPLE :

Si l'hectolitre vaut 38 fr., les mesures de capacité vaudront :

Voir p.18 et 19

Le double,	7 fr.	60	Les 8 doubles,	60 fr.	80
Le 1/2 hectolitre,	19	»	Les 2 hectos,	76	»
Les 3 doubles,	22	80	Les 3 hectos,	114	»
L'hectolitre 1/2,	57	»			

Et si l'hectolitre de cette graine pèse 72 k. 500, les cent kilos vau dront 52 f. 41.

RÉCIPROQUEMENT.

Si les cent kilos d'une graine valent 44 fr. et que l'hectolitre pè 75 kilos,

Les mesures de capacité vaudront :

Voir p.16 et 17

Le double,	6 fr.	60	L'hectolitre 1/2,	49 fr.	50
Le 1/2 hectolitre,	16	50	Les 8 doubles,	52	80
Les 3 doubles,	19	80	Les 2 hectolitres,	66	»
L'hectolitre,	33	»	Les 3 hectolitres,	99	»

Au moyen de l'entête de chaque tableau, nous aurons encore l poids comparatifs des mesures de capacité. Exemple : si les 8 doubl pèsent 120 kilos,

Les autres mesures pèseront :

Le double,	15 k.		L'hectolitre 1/2,	112 k.	500
Le 1/2 hectolitre,	17	500	Les 2 hectolitres,	150	»
Les 3 doubles,	45	»	Les 3 hectolitres,	225	»
L'hectolitre,	75	»			

Rapport aux cent kilos et réciproquement, des différents poids usités dans quelques localités, tels que 80 k., 115 k., 120 k., etc.

Dans quelques localités, on vend les grains aux mesures de capacité citées d'autre part, mais on exige un poids déterminé.

Notre tableau indiquera encore la comparaison des prix des poids entre eux, leur rapport aux cent kilos et réciproquement.

Pour cela il est indispensable de bien comprendre les explications suivantes :

En tête de chaque tableau se trouvent trois colonnes surmontées d'un astérisque ; ces trois colonnes indiquent à quelle mesure de capacité se rapportent les poids ; ainsi :

40 k. 45 k. 50 k. 60 k. etc., étant sur la ligne horizontale 1 H représentent les différents poids de l'hectolitre.

13 k. 5, 14 k., 14 k. 5, 15 k., etc., étant sur la ligne horizontale 1 D représentent les différents poids du double-décalitre.

Ceci étant parfaitement compris, nous dirons :

Connaissant le prix d'un poids quelconque il s'agit de trouver le prix des cent kilos.

Lorsque nous aurons trouvé le poids dans l'entête du tableau, nous saurons à quelle mesure de capacité il correspond, et par conséquent nous trouverons facilement sa valeur. Nous descendrons ensuite la colonne qui est au-dessous de ce poids jusqu'en face de la somme représentant sa valeur ; le nombre que nous trouverons à la jonction des deux lignes horizontale et verticale est le prix des cent kilos.

EXEMPLE :

Si 120 kilos coûtent 18 fr. combien coûteront les cent kilos.

En cherchant dans l'entête de nos tableaux nous trouvons 120 kilos en bas de la première colonne ; ce nombre étant sur l'horizontale 3 H, nous chercherons la somme dans la colonne des 3 hectos et nous trouvons 18 fr. Reprenant notre colonne de poids et descendant jusqu'en face de 18 nous trouvons 15 qui est le prix des cent kilos.

Nous avons dit que nous avions encore le rapport des poids entre eux.

EXEMPLE :

Si les cent kilos coûtent 9 fr. 37, les autres poids situés dans la même colonne, vaudront :

Voir page 8.

Les 120 kilos,	11 fr.	25	Les 40 kilos,	3 fr.	75
80 —	7	50	24 —	2	85
64 —	6	»	20 —	1	87
60 —	5	62	8 —	»	75

AUTRE EXEMPLE :

Si les 8 doubles pesant 128k. valent 50 fr., les cent k. vaudront 39 fr. 06.

Et les autres mesures de capacité pèseront et vaudront :

Voir page 16.

Le double de 16 kilos,	6 fr.	25	L'hectolitre 1/2	de 120 kilos,	46 fr.	87
Le 1/2 H. 40 —	15	62	Les 2 hectolitres,	de 160 —	62	5[illegible]
Les 3 D. 48 —	18	75	Les 3 —	de 240 —	93	7[illegible]
L'hectolitre, 80 —	31	25				

AUTRES EXEMPLES :

Voir pe. 16.

Si le double coûte	6 fr.	et qu'il pèse	14 kilos,	les cent kilos vaudront	42 fr.	8[illegible]
Si l'hect. —	33	—	67 50	—	48	8[illegible]
Si les 3 hect. —	102	—	225 »	—	45	3[illegible]

RÉCIPROQUEMENT :

Si cent kilos coûtent	75 fr. »	le double	pesant	9 kilos vaudra	6 fr. 7[illegible]
Si —	80 »	l'hect.	—	40 —	32
Si —	50 »	les 3 hect.	—	202 50 —	101

Comme on voit par les exemples précédents, les colonnes surmontées d'un astérisque indiquent, lorsque l'on a trouvé le poids, la colonne qu'il faut chercher, dans les mesures de capacité, la somme, de manière qu'il y ait rapport entre les poids et les prix, et rapport aux cent kilos.

Le barême étant excessivement simple, il arrivera très souven que la somme ou le poids ne figureront pas sur le barême ; mais alors on aura toujours une somme et un poids qui approcheront de ceux demandés et qui, par conséquent, donneront tous les renseignements désirables, à si peu de chose près, que la différence pourra être négligée.

EXEMPLE :

Si 152 kilos valent 52 fr. 25, combien vaudront les 100 kilos? En examinant attentivement notre tableau nous ne trouvons pas dans les poids 152 et dans les sommes 52 fr. 25, mais nous avons pour poids et somme les plus rapprochés de ceux dont il s'agit : 150 kilos et 52 fr. En cherchant le rapport aux cent kilos, nous avons pour résultat 34 fr. 66, tandis qu'en calculant exactement nous avons pour résultat 34 fr. 37, différence comme on le voit bien peu sensible, qu'il est facile d'amoindrir encore en prenant une somme plus élevée si le poids trouvé est plus élevé que celui dont il s'agit et réciproquement une somme moindre si le poids trouvé est moindre que celui dont s'agit ; ainsi, dans l'exemple qui nous occupe, le poids trouvé (150 k.) étant moindre que 152 k., cherchons une somme en proportion moindre que 52. 25, de manière que le rapport existe toujours. Ayant réduit 152 k. de 2 k. ou d'un 75me, il faut aussi réduire 52. 25 d'un 75me ou environ de 70 c., nous aurons alors 31 fr. 50, cherchant le rapport entre ces deux nombres, nous aurons 34. 33 pour cent kilos. Par ce moyen, nous trouvons 34. 33, et en calculant exactement comme nous l'avons vu ci-dessus, nous avons 34. 37. La différence n'est donc plus que de 4 centimes et peut conséquemment être négligée.

Donc, je puis conclure que lorsque le barême, par sa simplicité, ne donnera ni la somme, ni le poids, on pourra trouver le rapport des cent kilos à si peu de chose près que la différence pourra être négligée.

Mais nous le répétons, pour avoir ce rapport à quelques centimes près, comme dans les exemples donnés ci-dessus, il faut, que soit en plus soit en moins, la somme et le poids soient augmentés ou diminués dans la même proportion.

PRIX

Comparatifs des Mesures de capacité.

double ou 20 litr.	1/2 H. 2 D. 1/2 50 litr.	3 double 60 litr.	hecto 5 D. 100 L.	H. 1/2 7 D. 1/2 150 L.	charge 8 D. 160 L.	2 hecto 10 D. 200 L.	3 hecto 15 D. 300 L.
0.75	1.87	2.25	3.75	5.62	6. »	7.50	11.25
0.80	2. »	2.40	4. »	6. »	6.40	8. »	12. »
0.85	2.12	2.55	4.25	6.37	6.80	8.50	12.75
0.90	2.25	2.70	4.50	6.75	7.20	9. »	13.50
0.95	2.37	2.85	4.75	7.12	7.60	9.50	14.25
1. »	2.50	3. »	5. »	7.50	8. »	10. »	15. »
1.05	2.62	3.15	5.25	7.87	8.40	10.50	15.75
1.10	2.75	3.30	5.50	8.25	8.80	11. »	16.50
1.15	2.87	3.45	5.75	8.62	9.20	11.50	17.25
1.20	3. »	3.60	6. »	9. »	9.60	12. »	18. »
1.25	3.12	3.75	6.25	9.37	10. »	12.50	18.75
1.30	3.25	3.90	6.50	9.75	10.40	13. »	19.50
1.35	3.37	4.05	6.75	10.12	10.80	13.50	20.25
1.40	3.50	4.20	7. »	10.50	11.20	14. »	21. »
1.45	3.62	4.35	7.25	10.87	11.60	14.50	21.75
1.50	3.75	4.50	7.50	11.25	12. »	15. »	22.50
1.55	3.87	4.65	7.75	11.62	12.40	15.50	23.25
1.60	4. »	4.80	8. »	12. »	12.80	16. »	24. »
1.65	4.12	4.95	8.25	12.37	13.20	16.50	24.75
1.70	4.25	5.10	8.50	12.75	13.60	17. »	25.50
1.75	4.37	5.25	8.75	13.12	14. »	17.50	26.25
1.80	4.50	5.40	9. »	13.50	14.40	18. »	27. »
1.85	4.62	5.55	9.25	13.87	14.80	18.50	27.75
1.90	4.75	5.70	9.50	14.25	15.20	19. »	28.50
1.95	4.87	5.85	9.75	14.62	15.60	19.50	29.25

POIDS

8 k.	9 k.	★ 1 D	10
20 »	22.50	1/2 H	25
24 »	27. »	3 D.	30
40 »	45. »	1 H	50
60 »	67.50	H 1/2	75
64 »	72. »	8 D	80
80 »	90. »	2 H	100
120 »	135. »	3 H	150

PRIX

9.37	8.33	7.5
10. »	8.88	8.
10.62	9.44	8.5
11.24	10. »	9.
11.87	10.55	9.5
12.50	11.11	10.
13.12	11.65	10.5
13.75	12.22	11.
14.37	12.77	11.5
15. »	13.33	12.
15.62	13.88	12.5
16.25	14.44	13.
16.87	15. »	13.5
17.50	15.55	14.
18.12	16.11	14.5
18.75	16.66	15.
19.37	17.22	15.5
20. »	17.77	16.
20.62	18.33	16.
21.25	18.88	17.
21.87	19.44	17.
22.50	20. »	18.
23.12	20.55	18.
23.75	21.11	19.
24.37	21.66	19.

décalitre, H hectolitre, L litre.

OMPARATIFS DES MESURES DE CAPACITÉ.

12 k.	12 k. 5	13 k.	★ 1 D	13 k.5	14 k.	14 k 50	15 k.	★ 1 D	15 k.5	16 k.	16 k. 5	17 k.
30 »	31.25	32.50	1/2 H	33.75	35 »	36.25	37.50	1/2 H	38. 75	40 »	41. 25	42 50
36 »	37.50	39 »	3 D	40.50	42 »	43.50	45 »	3 D	46. 50	48 »	49. 50	15 »
60 »	62.50	65 »	1 H	67.50	70 »	72.50	75 »	1 H	77. 50	80 »	82. 50	85 »
90 »	93.75	97.50	H 1/2	101.25	105 »	108.75	112.50	H 1/2	116.25	120 »	123 75	127.50
96 »	100 »	104 »	8 D	108 »	112 »	116 »	120 »	8 D	124 »	128 »	132 »	136 »
.20 »	125 »	130 »	2 H	135 »	140 »	145 »	150 »	2 H	155 »	160 »	165 »	170 »
:80 »	187.50	195 »	3 H	202. 5	210 »	217.50	225 »	3 H	232.50	240 »	247.50	255 »

DES CENT KILOGRAMMES.

6.25	6. »	5.77	5.55	5 55	5.17	5. »	4 83	4.68	4.54	4 41
6.66	6.40	6.15	5.92	5.71	5.51	5.33	5.16	5. »	4.84	4.70
7.08	6.80	6.53	6.29	6.07	5.86	5 66	5.48	5.31	5.15	5. »
7.50	7»20	6.92	6.66	6.42	6.20	6. »	5.80	5.62	5.45	5.30
7.91	7.60	7.30	7.03	6.78	6.54	6.33	6.12	5.93	5.75	5.58
8.33	8. »	7.69	7.40	7.14	6.89	6.66	6.45	6.25	6.06	5.88
8.75	8.40	8.07	7.77	7.50	7.24	7. »	6.77	6.56	6.36	6.17
9.16	8.80	8.46	8.14	7.85	7.58	7.33	7.09	6.87	6.66	6.46
9.58	9.20	8.84	8.51	8.21	7.93	7.66	7.41	7.18	6.90	6.76
0. »	9.60	9.23	8.88	8.57	8.27	8. »	7.74	7.50	7.27	7.05
0.41	10. »	9.61	9.25	8.92	8.62	8.33	8.06	7.81	7.57	7.35
0.83	10.40	10. »	9.62	9.28	8.96	8.66	8.38	8.12	7.87	7.64
1.25	10.80	10.38	10. »	9.64	9.31	9. »	8.70	8.43	8.18	7.94
1.66	11.20	10.76	10.37	10. »	9.67	9.33	9.03	8.75	8.48	8.23
2.08	11 60	11.15	10.74	10.55	10. »	9.66	9.35	9.06	8.78	8.52
2.50	12. »	11.53	11.11	10.71	10.34	10. »	9.67	9.37	9.09	8.82
2.91	12.40	11.92	11.48	11.07	10.68	10.33	10. »	9.68	9.39	9.11
3.33	12.80	12.30	11.87	11.42	11.03	10.66	10.32	10. »	9.69	9.41
3.75	13.20	12.69	12.22	11.78	11.37	11. »	10.64	10.31	10. »	9.70
4.16	13.60	13.07	12 60	12.14	11.72	11.33	10.96	10.62	10.30	10. »
4.58	14. »	13.46	12.96	12.50	12.06	11.66	11.30	10.93	10.60	10.29
5. »	14.40	13.84	13.33	12.85	12.41	12 »	11.61	11 25	10.90	10.58
5.41	14.80	14.23	13.70	13.21	12.75	12.33	11.93	11.56	11.21	10.88
5.83	15.20	14.61	14.07	13 57	13.10	12.66	12.25	11.87	11.51	11.17
6.25	15.60	15. »	14.44	13.92	13.44	13. »	12.58	12.18	11.81	11.47

PRIX

Comparatifs des Mesures de capacité.

double ou 20 litr.	1/2 H. 2 D. 1/2 50 litr.	3 double 60 litr.	Hecto 5 D. 100 L.	H. 1/2 7 D. 1/2 150 L.	charge 8 D. 160 L.	2 hecto 10 D. 200 L.	3 hecto 15 D. 300 L.
2. »	5. »	6. »	10. »	15. »	16. »	20. »	30. »
2.05	5.12	6.15	10.25	15.37	16.40	20.50	30.75
2.10	5 25	6.30	10.50	15.75	16.80	21. »	31.50
2.15	5.37	6.45	10.75	16.12	17.20	21.50	32.25
2.20	5.50	6.60	11. »	16.50	17.60	22. »	33 »
2.25	5.62	6.75	11.25	16.87	18. »	22.50	33.75
2.30	5.75	6.90	11.50	17.25	18.40	23. »	34.50
2.35	5.87	7.05	11.75	17.62	18.80	23.50	35.25
2.40	6. »	7.20	12. »	18 »	19.20	24. »	36. »
2.45	6.12	7.35	12.25	18.37	19.60	24 50	36.75
2.50	6.25	7.50	12.50	18.75	20. »	25. »	37.50
2.55	6.37	7.65	12.75	19.12	20.40	25.50	38.25
2.60	6.50	7.80	13. »	19.50	20.80	26. »	39. »
2.65	6.62	7.95	13.25	19.87	21.20	26.50	39 75
2.70	6.75	8.10	13.50	20.25	21.60	27. »	40.50
2.75	6.87	8.25	13.75	20 62	22. »	27.50	41.25
2.80	7. »	8.40	14. »	21. »	22.40	28 »	42. »
2.85	7.12	8.55	14.25	21.37	22.80	28.50	42.75
2.90	7.25	8.70	14.50	21.75	23.20	29. »	43.50
2.95	7.37	8.85	14 75	22.07	23.60	29.50	44.25
3. »	7.50	9. »	15. »	22.50	24. »	30. »	45. »
3.05	7.62	9.15	15.25	22 87	24.40	30.50	45.75
3.10	7.75	9.30	15.50	23.25	24.80	31. »	46.50
3.15	7.87	9.45	15.75	23 62	25.20	31.50	47.25
3 20	8. »	9.60	16. »	24. »	25.60	32 »	48 »

POID

8 k.	9 k.	★ 1 D	10
20 »	22.50	1/2 H	25
24 »	27. »	3 D	30
40 »	45. »	1 H	50
60 »	67.50	H 1/2	75
64 »	72. »	8 D	80
80 »	90. »	2 H	10
120 »	135. »	3 H	15

PRIX

25. »	22.22	20.
25 62	22.77	20.
26.25	23.33	21.
26.87	23.88	21.
27.50	24.44	22.
28.12	25. »	22.
28.75	25 55	23.
29.37	26 11	23.
30. »	26.66	24.
30.62	27.22	24.
31.25	27.77	25.
31.87	28.33	25.
32.50	28.88	26.
33.12	29.44	26.
33.75	30. »	27.
34.37	30.55	27.
35. »	31.11	28.
35.62	31.66	28.
36.25	32.22	29.
36.87	32.77	29.
37.50	33.33	30.
38.12	33.88	30.
38.75	34.44	31
39.37	35. »	31
40. »	35.55	32.

OMPARATIFS DES MESURES DE CAPACITÉ.

12 k.	12 k. 5	13 k.	★ 1 D	13 k.5	14 k.	14 k 50	15 k.	★ 1 D	15 k 5	16 k.	16 k. 5	17 k.
30 »	31.25	32.50	1/2 H	33.75	35 »	36.25	37.50	1/2 H	38. 75	40 »	41. 25	42 50
36 »	37.50	39 »	3 D	40.50	42 »	43.50	43 »	3 D	46. 50	48 »	49. 50	51 »
60 »	62.50	65 »	1 H	67.50	70 »	72.50	75 »	1 H	77. 50	80 »	82. 50	85 »
90 »	93.75	97.50	H 1/2	101.25	105 »	108.75	112.50	H 1/2	116.25	120 »	123.75	127.50
96 »	100 »	104 »	8 D	108 »	112 »	116 »	120 »	8 D	124 »	128 »	132 »	136 »
20 »	125 »	130 »	2 H	135 »	140 »	145 »	150 »	2 H	155 »	160 »	165 »	170 »
30 »	187.50	195 »	3 H	202. 5	210 »	217.50	225 »	3 H	232.50	240 »	247.50	255 »

DES CENT KILOGRAMMES.

6.66	16. »	15.58	14.81	14.28	13.79	13.33	12.90	12.50	12.12	11.76
7.08	16.40	15.76	15.18	14.64	14.13	13.66	13.22	12 81	12.42	12.05
7.50	16.80	16.15	15.55	15. »	14.48	14. »	13.54	13.12	12.72	12.35
7.91	17.20	16.53	15.92	15.35	14.82	14.33	13.87	13.43	13.03	12.64
8.33	17.60	16.92	16.29	15.71	15.17	14.66	14.20	13.75	13.33	12.94
.75	18. »	17.30	16.66	16.07	15.51	15. »	14.51	14.06	13.63	13.23
.16	18.40	17.70	17.03	16.42	15.86	15.33	14.83	14.37	13.93	13.52
.58	18.80	18.07	17.40	16.78	16.20	15.66	15.16	14.68	14.24	13.82
. »	19.20	18.46	17.77	17.14	16.55	16. »	15.48	15. »	14 54	14.11
.41	19.60	18.84	18.14	17.50	16.89	16.33	15.80	15.31	14.84	14.41
.83	20. »	19.23	18.51	17.85	17.24	16.66	16.12	15.62	15.15	14.70
.25	20.40	19.61	18.88	18.21	17.58	17. »	16.45	15.93	15.45	15. »
.66	20.80	20. »	19.25	18.57	17.93	17.33	16.77	16.25	15.75	15.29
.08	21.20	20.38	19.62	18.92	18.27	17.66	17.10	16.56	16.06	15.58
.50	21.60	20.76	20. »	19.28	18.62	18. »	17.41	16.87	16.36	15 88
.91	22. »	21.15	20.37	19.64	18.96	18.33	17.74	17.18	16.66	16.17
.33	22.40	21.53	20.74	20. »	19.31	18.66	18.06	17.50	16.96	16.47
.75	22.80	21.92	21.11	20.35	19.65	19. »	18.38	17.81	17.27	16.76
.16	23.20	22.30	21.48	20.71	20. »	19.33	18.76	18.12	17.57	17.05
.58	23 60	22.70	21.85	21.07	20.34	19.66	19.03	18.43	17.87	17.35
. »	24. »	23.07	22.22	21.42	20.68	20. »	19.35	18.75	18.18	17.64
.41	24.40	23.46	22.59	21.78	21.03	20.33	19.67	19.06	18.48	17.94
.83	24.80	23.84	22.96	22.14	21.37	20.66	20. »	19.37	18.78	18.23
.25	25.20	24.23	23.33	22.50	21.72	21. »	20.32	19.68	19.10	18.52
.66	25.60	24.61	23.70	22.85	22.06	21.35	20.64	20. »	19.40	18.82

PRIX comparatifs des mesures de capacité.								POIDS			
double ou 20 litr.	1/2 H. 2 D.1/2 50 litr.	3 double 60 litr.	Hecto 5 D. 100 L.	H. 1/2 7 D. 1/2 150 L.	charge 8 D. 160 L.	2 hecto 10 D. 200 L.	3 hecto 15 D. 300 L.	8 k. 20 » 24 » 40 » 60 » 64 » 80 » 120 »	9 k. 22.50 27. » 45. » 67.50 72. » 90. » 135. »	* 1 D 1/2 H 3 D 1 H H 1/2 8 D 2 H 3 H	10 k 25 » 30 » 50 » 75 » 80 » 100 » 150 »
								PRIX			
3.25	8.12	9.75	16.25	24.37	26. »	32.50	48.75	40.62	36.11		32.50
3.30	8.25	9.90	16.50	24.75	26.40	33 »	49.50	41.25	36.66		33 »
3.35	8.37	10.05	16.75	25.12	26.80	33.50	50.25	41.87	37.22		33.50
3.40	8.50	10.20	17. »	25.50	27.20	34. »	51. »	42.50	37.77		34. »
3.45	8.62	10.35	17.25	25.87	27.60	34.50	51.75	43.12	38.33		34.50
3.50	8.75	10.50	17.50	26.25	28. »	35. »	52.50	43.75	38 88		35. »
3.55	8.87	10.65	17.75	26.62	28.40	35.50	53.25	44.37	39.44		35.50
3.60	9. »	10.80	18. »	27. »	28.80	36. »	54. »	45. »	40. »		36. »
3.65	9.12	10.95	18.25	27.37	29.20	36.50	54.75	45.62	40.55		36.50
3.70	9.25	11.10	18.50	27.75	29.60	37. »	55.50	46.25	41.11		37. 0
3.75	9.37	11.25	18.75	28.12	30. »	37.50	56.25	46.87	41.66		37.50
3.80	9.50	11.40	19. »	28.50	30.40	38. »	57. »	47.50	42.22		38. »
3.85	9.62	11.55	19.25	28.87	30.80	38.50	57.75	48.12	42.77		38.50
3.90	9.75	11.70	19.50	29.25	31.20	39. »	58.50	48.75	43.33		39. »
3.95	9.87	11.85	19.75	29.62	31 60	39.50	59.25	49.37	43.88		39.50
4. »	10. »	12. »	20. »	30. »	32. »	40. »	60. »	50.	44.44		40. »
4.05	10.12	12.15	20.25	30.37	32.40	40.50	60.75	50.62	45. »		40.50
4.10	10.25	12.30	20.50	30.75	32.80	41. »	61.50	51.25	45.45		41. »
4.15	10.37	12.45	20.75	31.12	33.20	41.50	62.25	51.87	46.11		41.50
4.20	10.50	12.60	21. »	31.50	33.60	42. »	63. »	52.50	46.66		42. »
4.25	10.62	12 75	21.25	31 87	34. »	42.50	63.75	53.12	47.22		42.50
4.30	10.75	12.90	21.50	32.25	34.40	43. »	64.50	53.75	47.77		43. »
4.35	10.87	13.05	21.75	32.62	34.80	43.50	65.25	54.37	48.33		43.50
4.40	11. »	13.20	22. »	33. »	35.20	44. »	66. »	55. »	48.88		44. »
4.45	11.12	13.35	22.25	33.37	35.60	44.50	66.75	55.62	49.44		44.50

les 100 kilogrammes, les mesures de capacité pesant :

12 k.	12 k. 5	13 k.	★ 1 D	13 k. 5	14 k.	14 k 50	15 k.	★ 1 D	15 k. 5	16 k.	16 k. 5	17 k.
30 »	31. 25	32.50	1/2 H	33.75	35 »	36. 25	37.50	1/2 H	38. 75	40 »	41. 25	42 50
36 »	37. 50	39 »	3 D	40.50	42 »	43. 50	45 »	3 D	46. 50	48 »	49. 50	51 »
60 »	62. 50	65 »	1 H	67.50	70 »	72. 50	75 »	1 H	77. 50	80 »	82. 50	85 »
90 »	93. 75	97.50	H 1/2	101.25	105 »	108. 75	112.50	H 1/2	116.25	120 »	123. 75	127. 50
96 »	100 »	104 »	8 D	108 »	112 »	116 »	120 »	8 D	124 »	128 »	132 »	136 »
20 »	125 »	130 »	2 H	135 »	140 »	145 »	150 »	2 H	155 »	160 »	165 »	170 »
80 »	187. 50	195 »	3 H	202.50	210 »	217. 50	225 »	3 H	232.50	240 »	247. 50	255 »

7. 08	26. »	25. »	24. 07	23. 21	22. 41	21. 66	20. 96	20. 31	19 70	19. 11
7. 50	26. 40	25. 38	24. 44	23. 57	22. 75	22. »	21. 29	20. 62	20. »	19. 41
7. 91	26. 80	25. 76	24. 81	23. 92	23. 10	22 33	21. 61	20. 93	20. 30	19. 70
8. 33	27. 20	26. 15	25. 18	24. 28	23. 44	22. 66	21. 93	21. 25	20. 60	20. »
8 75	27. 60	26. 53	25. 55	24. 64	23. 79	23. »	22. 25	21. 56	20. 90	20. 29
9. 16	28. »	26. 92	25. 92	25. »	24. 15	23. 33	22. 58	21. 87	21. 21	20. 58
9. 58	28. 40	27. 30	26. 29	25. 35	24. 48	23. 66	22. 90	22. 18	21. 51	20. 88
0. »	28. 80	27. 70	26. 66	25. 71	24. 62	24. »	23. 22	22. 50	21. 81	21 17
0. 41	29. 20	28. 07	27. 03	26. 07	25. 17	24. 33	23. 54	22. 81	22. 12	21. 47
0. 83	29. 60	28. 46	27. 40	26. 42	25. 51	24. 66	23. 87	23. 12	22. 42	21. 76
1. 25	30. »	28. 84	27. 77	26. 78	25. 86	25. »	24. 19	23. 43	22. 72	22. 05
1. 66	30. 40	29. 23	28. 14	27. 14	26. 26	25. 33	24. 51	23 75	23. 03	22. 35
2. 08	30. 80	29. 61	28. 50	27. 50	26. 55	25. 66	24. 83	24 06	23. 33	22. 64
2. 50	31. 20	30. »	28. 88	27. 85	26. 89	26. »	25. 16	24. 37	23. 63	22. 94
2. 91	31. 60	30. 38	29. 25	28. 21	27. 24	26. 33	25. 48	24. 68	23. 93	23. 23
3. 33	32. »	30. 76	29. 62	28. 57	27. 58	26 ·66	25. 80	25. »	24. 24	23. 52
3. 75	32. 40	31. 17	30. »	28. 92	27. 93	27. »	26. 12	25. 31	24. 54	23. 82
4. 16	32. 80	31. 53	30. 37	29. 28	28. 27	27. 33	26. 45	25. 62	24. 84	24. 11
4 58	33. 20	31. 92	30. 74	29. 64	28. 62	27. 66	26. 77	25. 95	25. 15	24. 41
5. »	33. 60	32. 20	31. 11	30. »	28. 96	28. »	27. 09	26. 25	25. 54	24. 70
5. 41	34. »	32 69	31. 48	30. 35	29. 31	28. 33	27. 41	26. 56	25. 75	25. »
5. 83	34. 40	33. 07	31. 85	30. 71	29. 65	28. 66	27. 74	26. 87	26. 06	25. 29
6. 25	34. 80	33. 46	32 22	31. 07	30. »	29. »	28 06	27. 18	26. 36	25. 58
6. 66	35. 20	33. 84	32. 59	31. 42	30. 34	29. 33	28. 38	27. 50	26. 66	25. 88
7. 08	35. 60	34. 23	32. 96	31. 78	30. 68	29. 66	28. 70	27. 81	26. 96	26. 17

PRIX Comparatifs des mesures de capacité.								POIDS			
double ou 20 litr.	1/2 H. 2 D. 1/2 50 litr.	3 double 60 litr.	Hecto 5 D. 100 L.	H. 1/2 7 D. 1/2 150 L.	charge 8 D. 160 L.	2 hecto 10 D. 200 L.	3 hecto 15 D. 300 L.	8 k. 20 » 24 » 40 » 60 » 64 » 80 » 120 »	9 k. 22.50 27. » 45. » 67.50 72. » 90. » 135. »	★ 1 D 1/2 H 3 D 1 H H 1/2 8 D 2 H 3 H	10 25 30 50 75 80 100 150
								PRIX			
4.50	11.25	13.50	22.50	33.75	36. »	45. »	67.50	56.25	50. »	45. »	
4.55	11.37	13.65	22.75	34.12	36.40	45.50	68 25	56.87	50.55	45.50	
4.60	11.50	13.80	23. »	34.50	36.80	46. »	69. »	57.50	51.11	46. »	
4.65	11.62	13.95	23.25	34.87	37.20	46.50	69.75	58.12	51.66	46.50	
4.70	11.75	14.10	23.50	35.25	37.60	47. »	70.50	58.75	52.22	47. »	
4.75	11.87	14.25	23.75	35.62	38. »	47.50	71.25	59.37	52.77	47.50	
4.80	12. »	14.40	24. »	36. »	38.40	48. »	72. »	60. »	53.33	48 »	
4.85	12.12	14.55	24.25	36.37	38.80	48.50	72.75	60.62	53.88	48.50	
4.90	12.25	14.70	24.50	36.75	39.20	49. »	73.50	61.25	54.44	49. »	
4.95	12.37	14.85	24.75	37.12	39.60	49.50	74.25	61.87	55. »	49.50	
5. »	12.50	15. »	25. »	37.50	40. »	50. »	75. »	62.50	55.55	50. »	
5.05	12.62	15.15	25.25	37.87	40.40	50.50	75.75	63.12	56.11	50.50	
5.10	12.75	15.30	25.50	38.25	40.80	51. »	76.50	63.75	56.66	51. »	
5.15	12.87	15.45	25 75	38.62	41.20	51.50	77.25	64.37	57.22	51.50	
5.20	13. »	15.60	26. »	39. »	41.60	52. »	78. »	65. »	57.77	52. »	
5.25	13.12	15.75	26.25	39.37	42. »	52.50	78.75	65.62	58.33	52.50	
5.30	13.25	15.90	26.50	39.75	42.40	53. »	79.50	66.25	58.88	53. »	
5.35	13.37	16.05	26.75	40.12	42.80	53.50	80.25	66.87	59.44	53.50	
5.40	13.50	16.20	27. »	40.50	43.20	54. »	81. »	67.50	59.99	54. »	
5.45	13.62	16.35	27.25	40.87	43.60	54.50	81.75	68 12	60.55	54.50	
5.50	13.75	16.50	27.50	41.25	44. »	55. »	82.50	68.75	61.11	55. »	
5.55	13.87	16.65	27.75	41.62	44.40	55.50	83.25	69.37	61.66	55.50	
5.60	14. »	16.80	28. »	42. »	44.80	56. »	84. »	70. »	62.22	56. »	
5.65	14.12	16.95	28.25	42.37	45.20	56.50	84.75	70.62	62.77	56.50	
5.70	14.25	17.10	28.50	42.75	45.60	57. »	85.50	71.25	63.33	57. »	

OMPARATIFS DES MESURES DE CAPACITÉ.

12 k.	12 k. 5	13 k.	★ 1 D	13 k. 5	14 k.	14 k 50	15 k.	★ 1 D	15 k. 5	16 k.	16 k. 5	17 k.
30 »	31.25	32.50	1/2 H	33.75	35 »	36.25	37.50	1/2 H	38.75	40 »	41. 25	42 50
36 »	37.50	39 »	3 D	40.50	42 »	43.50	45 »	3 D	46. 50	48 »	49. 50	51 »
60 »	62.50	65 »	1 H	67.50	70 »	72.50	75 »	1 H	77. 50	80 »	82. 50	85 »
90 »	93.75	97.50	H 1/2	101.25	105 »	108.75	112.50	H 1/2	116.25	120 »	123.75	127.50
96 »	100 »	104 »	8 D	108 »	112 »	116 »	120 »	8 D	124 »	128 »	132 »	136 »
120 »	125 »	130 »	2 H	135 »	140 »	145 »	150 »	2 H	155 »	160 »	165 »	170 »
180 »	187.50	195 »	3 H	202.50	210 »	217.50	225 »	3 H	232.50	240 »	247.50	255 »

DES CENT KILOGRAMMES.

37.50	36. »	34.61	33.33	32.14	31.03	30. »	29.03	28 12	27.27	26.47
37.91	36.40	35. »	33.70	32.50	31.37	30.33	29.37	28.43	27.57	26.76
38.35	36.80	35.38	34.07	32.85	31.72	30.66	29.67	28.75	27.87	27.05
38.73	37.20	35.76	34.44	33.21	32.06	31. »	30. »	29.06	28.18	27.35
39.16	37.60	36.15	34.81	33.57	32.41	31.35	30.32	29.37	28.48	27.64
39.58	38. »	36.53	35.18	33.92	32.75	31.66	30.64	29.68	28.78	27.94
40. »	38.40	36.92	35.55	34.28	33.10	32. »	30.96	30. »	29.10	28.23
40.41	38.80	37.30	35.92	34.64	33.44	32.33	31.29	30.31	29.40	28.52
40.83	39.20	37.69	36.29	35. .	33.79	32.66	31.61	30.62	29.70	28.82
41.25	39.60	38.07	36.66	35.35	34.13	33. »	31.93	30.93	30 »	29.11
41.66	40. »	38.46	37.03	35.71	34.48	33.33	32.25	31.25	30.30	29.41
42.08	40.40	38.84	37.40	36.07	34.82	33.66	32.58	31.56	30.60	29.70
42.50	40.80	39.23	37.77	36.42	35.17	34. »	32.90	31.87	30.90	30. »
42.91	41.20	39.61	38.14	36.78	35.51	34.33	33.22	32.18	31.21	30.29
43.35	41.60	40. »	38.51	37.14	35.86	34.66	33.54	32.50	31.51	30.58
43.75	42. »	40.38	38.88	37.50	36.20	35. »	33.84	32.81	31.81	30.88
44.16	42.40	40.76	39.25	37.85	36.55	35.33	34.19	33.12	32.12	31.17
44.58	42.80	41.15	39.62	38.21	36.89	35.66	34.51	33.43	32.42	31.47
45. »	43.20	41.53	40. »	38.57	37.24	36. »	34.83	33.75	32.72	31.76
45.41	43.60	41.92	40.37	38.92	37.58	36.33	35.16	34.06	33.03	32.05
45.83	44. »	42.30	40.74	39.28	37.93	36.66	35.48	34.37	33.33	32.35
46.25	44.40	42.69	41.11	39.64	38.27	37. »	35.80	34.68	33.63	32.64
46.66	44.80	43.07	41.48	40. .	38.62	37.33	36.12	35. »	33.93	32.94
47.08	45.20	43.46	41.85	40.35	38.96	37.66	36.45	35.31	34.24	33.23
47.50	45.60	43.84	42.22	40.71	39.31	38. »	36.77	35.62	34.54	33.52

PRIX

Comparatifs des Mesures de capacité.

double ou 20 litr.	1/2 H. 2 D. 1/2 50 litr.	3 double 60 litr.	Hecto 5 D. 100 L.	H. 1/2 7 D. 1/2 150 L.	charge 8 D. 160 L.	2 hecto 10 D. 200 L.	3 hecto 15 D. 300 L.
5.75	14.37	17.25	28.75	43.12	46. »	57.50	86.25
5.80	14.50	17.40	29. »	43.50	46.40	58. »	87. »
5.85	14.62	17.55	29.25	43.87	46.80	58.50	87.75
5 90	14.75	17.70	29.50	44.25	47.20	59. »	88.50
5.95	14.87	17.85	29.75	44.62	47.60	59.50	89.25
6 »	15. »	18. »	30. »	45. »	48. »	60. »	90. »
6.05	15.12	18.15	30.25	45.37	48.40	60.50	90.75
6.10	15.25	18.30	30.50	45.75	48.80	61. »	91.50
6.15	15.37	18.45	30.75	46.12	49.20	61.50	92.25
6.20	15.50	18.60	31. »	46.50	49.60	62. »	93 »
6 25	15.62	18.75	31.25	46.87	50. »	62.50	93.75
6 30	15.75	18.90	31.50	47.25	50.40	63. »	94.50
6.35	15 87	19.05	31.75	47.62	50.80	63.50	95.25
6.40	16. »	19.20	32. »	48. »	51.20	64. »	96. »
6.45	16.12	19.35	32.25	48.37	51.60	64.50	96.75
6 50	16.25	19.50	32.50	48.75	52. »	65. »	97.50
6 55	16.37	19.65	32.75	49.12	52.40	65.50	98.25
6.60	16.50	19.80	33. »	49.50	52.80	66. »	99. »
6.65	16.62	19.95	33.25	49.87	53.20	66.50	99.75
6.70	16 75	20.10	33.50	50.25	53.60	67. »	100.50
6.75	16.87	20.25	33.75	50.62	54. »	67.50	101.25
6.80	17. »	20.40	34. »	51. »	54.40	68. »	102. »
6.85	17.12	20.55	34.25	51.37	54.80	68.50	102.75
6.90	17.25	20.70	34.50	51.75	55.20	69. »	103.50
6 95	17.37	20.85	34.75	52 12	55.60	69.50	104.25

PRI

8 k.	9 k.	★ 1 D	10
20 »	22.50	1/2 H	25
24 »	27. »	3 D	30
40 »	45. »	1 H	50
60 »	67.50	H 1/2	75
64 »	72. »	8 D	80
80 »	90. »	2 H	10
120 »	135.»	3 H	150
71.87	63.88		57.5
72.50	64.44		58.
73.12	64.99		58.5
73.75	65.55		59.
74.37	66. »		59.5
75. »	66.66		60.
75.62	67.22		60.5
76.25	67.77		61.
76.87	68.33		61.5
77.50	68.88		62.
78.12	69.44		62.5
78.75	70 »		63.
79.37	70.55		63.5
80. »	71.11		64.
80.62	71.66		64.5
81.25	72.22		65.
81.87	72.77		65.5
82.50	73.33		66.
83.12	73.88		66.5
83.75	74.44		67
84.37	75. »		67.5
85. »	75.55		68.
85.62	76.11		68.5
86 25	76.66		69.
86.87	77.22		69.5

des 100 kilogrammes, les mesures de capacité pesant :

12 k.	12 k. 5	13 k.	1 D	13 k. 5	14 k.	14 k 50	15 k.	1 D	15 k. 5	16 k.	16 k. 5	17 k.
30 »	31.25	32.50	1/2 H	33.75	35 »	36.25	37.50	1/2 H	38.75	40 »	41.25	42 50
36 »	37.50	39 »	3 D	40.50	42 »	43.50	45 »	3 D	46.50	48 »	49.50	51 »
60 »	62.50	65 »	1 H	67.50	70 »	72.50	75 »	1 H	77.50	80 »	82.50	85 »
90 »	93.75	97.50	H 1/2	101.25	105 »	108.75	112.50	H 1/2	116.25	120 »	123.75	127.50
96 »	100 »	104 »	8 D	108 »	112 »	116 »	120 »	8 D	124 »	128 »	132 »	136 »
120 »	125 »	130 »	2 H	135 »	140 »	145 »	150 »	2 H	155 »	160 »	165 »	170 »
180 »	187.50	195 »	3 H	202.50	210 »	217.50	225 »	3 H	232.50	240 »	247.50	255 »
47.91	46. »	44.23		42.59	41.07	39.65	38.33		37.09	35.93	34.84	33.82
48 33	46.40	44.61		42.96	41.42	40. »	38.66		37.41	36.25	35.15	34.11
48.75	46.80	45. »		43.33	41.73	40.34	39. »		37.74	36.56	35.45	34.41
49.16	47.20	45 38		43.70	42.14	40.68	39 33		38.06	36.87	35.75	34.70
49.58	47.60	45.76		44.07	42.50	41.03	39.66		38.38	37.18	36.06	35. »
50. »	48. »	46 15		44.44	42.85	41.37	40. »		38.70	37.50	36.36	35.29
50.41	48.40	46.53		44.81	43.21	41.72	40.33		39.03	37.81	36 66	35.58
50.82	48.80	46.92		45.18	43.57	42.06	40.66		39.35	38.12	36.96	35.88
51.25	49.20	47.30		45.55	43.92	42.41	41. »		39.67	38.43	37.27	36.17
51.66	49.60	47.69		45.92	44.28	42.75	41.33		40. »	38.75	37.57	36.47
52.08	50. »	48.07		46.29	44.64	43.10	41.66		40.32	39.06	37.87	36.76
52 50	50.40	48.46		46.66	45. »	43.44	42. »		40.64	39.37	38.18	37.05
52.91	50.80	48.84		47.03	45.35	43.79	42.33		40.96	39.68	38.48	37.35
53.33	51.20	49.23		47.40	45.71	44.13	42.66		41.29	40. »	38.78	37.64
53.75	51.60	49.61		47.77	46.07	44.48	43. »		41.61	40.31	39.10	37.94
54.16	52. »	50. »		48.14	46.42	44.82	43.33		41.93	40.62	39.40	38.23
54.58	52.40	50.46		48.51	46.78	45.17	43.66		42.25	40.93	39.70	38 52
55. »	52.80	50.76		48.88	47.14	45.51	44. »		42.58	41.25	40. »	38.82
55.41	53.20	51.15		49.25	47.50	45.86	44.33		42.90	41.56	40.30	39.11
55.83	53.60	51.53		49.62	47.85	46.20	44.66		43.22	41.87	40.60	39.41
56.25	54. »	51.92		50. »	48.21	46.55	45. »		43.54	42.18	40.90	39.70
56.66	54.40	52.30		50.37	48.57	46.89	45.33		43.84	42.50	41.21	40. »
57.08	54.80	52.69		50.74	48.92	47.24	45.66		44.19	42.81	41.51	40.29
57.50	55.20	53.07		51.11	49.28	47.58	46. »		44.51	43.12	41.81	40.58
57.91	55.60	53.46		51.48	49.64	47.93	46.33		44.83	43.43	42.12	40.88

PRIX

Comparatifs des Mesures de capacité.

double ou 20 litr.	1/2 H. 2 D. 1/2 50 litr.	3 double 60 litr.	Hecto 5 D. 100 L.	H. 1/2 7 D. 1/2 150 L.	charge 8 D. 160 L.	2 hecto 10 D. 200 L.	3 hecto 15 D. 300 L.
7. »	17.50	21. »	35. »	52.50	56. »	70 »	105. »
7.05	17.62	21.15	35.25	52.87	56.40	70.50	105.75
7.10	17.75	21.30	35.50	53.25	56 80	71. »	106.50
7.15	17.87	21.45	35.75	53.62	57.20	71.50	107.25
7.20	18. »	21.60	36. »	54. »	57.60	72. »	108. »
7.25	18.12	21.75	36.25	54.37	58. »	72.50	108.75
7.30	18.25	21.90	36.50	54.75	58.40	73. »	109.50
7.35	18.37	22.05	36.75	55.12	58.80	73.50	110.25
7.40	18.50	22.20	37. »	55.50	59.20	74. »	111. »
7.45	18.62	22.35	37.25	55.87	59.60	74.50	111.75
7.50	18.75	22.50	37.50	56.25	60. »	75. »	112.50
7.55	18.87	22.65	37.75	56.62	60.40	75.50	113.25
7.60	19. »	22.80	38. »	57. »	60.80	76. »	114. »
7 65	19.12	22.95	38.25	57.57	61.20	76.50	114.75
7.70	19.25	23.10	38.50	57.75	61.60	77. »	115.50
7.75	19.37	23.25	38.75	58.12	62. »	77.50	116.25
7 80	19.50	23.40	39. »	58.50	62.40	78. »	117. »
7.85	19.62	23.55	39.25	58.87	62.80	78.50	117.75
7.90	19.75	23.70	39.50	59.25	63.20	79. »	118.50
7.95	19.87	23.85	39.75	59.62	63.60	79.50	119.25
8. »	20. »	24. »	40. »	60. »	64. »	80. »	120. »
8.05	20.12	24.15	40.25	60.37	64.40	80.50	120.75
8.10	20.25	24.30	40.50	60.75	64.80	81. »	121.50
8.15	20.37	24.45	40.75	61.12	65.20	81.50	122.25
8.20	20.50	24.60	41. »	61.50	65 60	82. »	123. »

POIDS

8 k.	9 k.	* 1 D	10 k
20 »	22.50	1/2 H	25 »
24 »	27. »	3 D	30 »
40 »	45. »	1 H	50 »
60 »	67.50	H 1/2	75 »
64 »	72. »	8 D	80 »
80 »	90. »	2 H	100»
120 »	135. »	3 H	150»

PRIX

87.50	77.77	70. »
88.12	78.33	70.50
88.75	78.88	71. »
89.37	79.44	71.50
90. »	80. »	72. »
90.62	80 55	72.50
91.25	81.11	73. »
91 87	81.66	73.50
92.50	82.22	74. »
93.12	82.77	74.50
93.75	83.33	75. »
94.37	83.88	75.50
95. »	84.44	76. »
95.62	85. »	76.50
96.25	85.55	77. »
96.87	86.11	77.50
97.50	86.66	78. »
98.12	87.22	78.50
98 75	87.77	79. »
99.37	88.33	79.50
100 »	88.88	80. »
100«62	89.44	80.50
101.25	90. »	81. »
101.87	90.55	81 50
02.50	91.11	82. »

)MPARATIFS DES MESURES DE CAPACITÉ.

12 k.	12 k. 5	13 k.	★ 1 D	13 k. 5	14 k.	14 k 50	15 k.	★ 1 D	15 k. 5	16 k.	16 k. 5	17 k.
30 »	31. 25	32.50	1/2 H	33.75	35 »	36. 25	37.50	1/2 H	38. 75	40 »	41. 25	42 50
36 »	37. 50	39 »	3 D	40.50	42 »	43. 50	45 »	3 D.	46. 50	48 »	49. 50	51 »
60 »	62. 50	65 »	1 H	67.50	70 »	72. 50	75 »	1 H.	77. 50	80 »	82. 50	85 »
90 »	93. 75	97.50	H 1/2	101.25	105 »	108. 75	112.50	H 1/2	116.25	120 »	123. 75	127. 50
96 »	100 »	104 »	8 D	108 »	112 »	116 »	1 0 »	8 D.	124 »	128 »	132 »	136 »
20 »	125 »	130 »	2 H	135 »	140 »	145 »	150 »	2 H.	155 »	160 »	165 »	170 »
80 »	187. 50	195 »	3 H	202.50	210 »	217. 50	225 »	3 H.	232.50	240 »	247. 50	255 »

DES CENT KILOGRAMMES.

8.33	56. »	53. 84	51. 85	50. »	48. 27	46. 66	45. 16	43. 75	42. 42	41. 17
8.75	56. 40	54. 23	52. 22	50. 35	48. 62	47. »	45. 48	44. 06	42. 75	41. 47
9.16	56. 80	54. 61	52. 59	50. 71	48. 96	47. 33	45. 80	44. 37	43. 05	41. 76
9.58	57. 20	55 »	52. 96	51. 07	49. 31	47. 66	46. 12	44. 63	43. 35	42. 05
0. »	57. 60	55. 38	53. 33	51. 42	49. 65	48. »	46. 45	45. »	43. 65	42. 35
0.41	58. »	55. 76	53. 70	51. 78	50. »	48. 33	46. 77	45. 31	43. 93	42. 64
0.83	58. 40	56. 15	54. 07	52. 14	50. 34	48. 66	47. 09	45. 62	44. 24	42. 94
1.25	58. 80	56. 53	54. 44	52. 50	50. 68	49. »	47. 41	45. 93	44. 54	43 25
1.66	59. 20	56. 92	54. 81	52. 85	51. 03	49. 33	47. 74	46. 25	44. 84	43. 52
2.08	59. 60	57. 30	55. 18	53. 21	51. 57	49. 66	48. 06	46. 56	45. 15	43. 82
2.50	60. »	57. 69	55. 55	53. 57	51. 72	50. »	48. 58	46. 87	45. 45	44. 11
2.91	60. 40	58. 07	55. 92	53. 92	52. 06	50. 33	48. 70	47. 18	45. 75	44. 41
3.33	60. 80	58. 46	56. 30	54. 28	52. 41	50. 66	49. 05	47. 50	46. 06	44. 70
3.75	61. 20	58. 84	56. 66	54. 64	52. 75	51. »	49. 35	47. 81	46. 36	45. »
4.16	61. 60	59. 23	57. 03	55. »	53. 10	51. 33	49. 67	48. 12	46. 66	45 29
.58	62. »	59. 61	57. 40	55. 35	53. 44	51. 66	50. »	48. 45	46. 96	45. 59
5. .	62. 40	60. »	57. 77	55. 71	53. 79	52. »	50. 32	48. 75	47. 27	45. 88
5.41	62 80	60. 46	58. 14	56. 07	54. 13	52. 33	50. 64	49. 06	47. 57	46. 17
5.83	63. 20	60. 76	58. 51	56. 42	54. 48	52. 66	50. 96	49. 37	47. 87	46. 47
6.25	63. 60	61. 15	58. 88	56. 78	54. 83	53. »	51. 29	49 68	48. 18	46. 76
6.66	64. »	61. 53	59. 25	57. 14	55. 27	53. 33	51. 61	50. »	48. 48	47. 05
7 08	64. 40	61. 92	59. 62	57. 50	55. 51	53. 66	51. 93	50 31	48. 78	47. 35
7.50	64 80	62. 30	60. »	57. 85	55. 86	54. »	52. 25	50. 62	49. 09	47. 64
7.91	65. 20	62. 69	60. 37	58. 11	56. 20	54. 33	52. 58	50. 93	49. 40	47. 94
8.33	65. 60	63. 07	60. 74	58. 57	56. 55	54. 66	52. 90	51. 25	49. 70	48. 23

PRIX

des Différents Sacs ou Barils

USITÉS EN FRANCE

POUR LA VENTE DES FARINES,

Comparés aux prix des blés quels que soient le mode d'achat, les rendements, déchets, frais de mouture et prix des produits inférieurs.

Dans l'impossibilité matérielle de traiter tous les cas de mouture qui se multiplient à l'infini, nous n'avons rien trouvé de plus raisonnable que d'établir notre barême sur des données généralement reconnues comme moyennes; de sorteque, tout en simplifiant ce petit ouvrage nous l'avons rendu portatif, clair et à la portée de toutes les intelligences.

Le prix des farines a été établi sur les bases invariables suivantes

1 fr. **50**. frais de mouture par cent kilos de blé
et **3** p. cent de déchet par d° d°

Et sur les bases variables suivantes :

D'aprés le prix des sons dont les deux moyennes ont été fixées à **10** fr. et **14** fr. les cents kilos et d'après les divers rendements des blés soit **72**, **74**, **76**, **78** et **80** de farine par cent kilos de blé.

Nous croyons qu'il est inutile d'entrer dans d'autres explications relativement à la composition de notre barême; l'entête de chaque tableau indique suffisamment le moyen de trouver, avec la plus grande facilité, tous les renseignements dont on peut avoir besoin. Les exemples suivants vont le prouver :

Le prix des mesures de capacité ayant été établi d'après celui de cent kilos, nous aurons d'abord les prix comparatifs des différentes mesures de capacité, ainsi :

Si les cent kilos de blé valent 40 fr.,

Le double	de 15 k.	vaudra	6 f.
Le demi-hectolitre	de 40	—	16
Les trois doubles	de 45	—	18
L'hectolitre	de 80	—	32
L'hectolitre et demi	de 120 k.	vaudra	48 f.
La charge de huit D.	de 126	—	50 40
Les deux hectos	de 160	—	64
Les trois hectos	de 240	—	92

Et si le rendement de ces blés est de **74** pour cent, le déchet 3 pour cent, et les frais de mouture **1** fr. **50** par cent kilos, les farines reviendront à :

Si les sons valent 10 fr. les cent kilos,			
Le baril	de 88 kilos,		46. 61
Le sac	de 100	—	52. 96
Le sac	de 122	—	64. 62
Le sac	de 124	—	65. 68
Le sac	de 157	—	83. 16

Si les sons valent 14 fr. les cent kilos,			
Le baril	de 88 kilos,		45. 51
Le sac	de 100	—	51. 72
Le sac	de 122	—	63. 10
Le sac	de 124	—	64. 14
Le sac	de 157	—	81. 21

Réciproquement, connaissant le prix des blés, il sera facile de trouver le prix des farines, sans qu'il soit utile de donner un nouvel exemple.

Le barême étant excessivement simple, il arrivera très-souvent que les données que l'on aura ne concorderont pas exactement avec celles mentionnées dans les tableaux ; mais alors on aura toujours les données qui approcheront de celles demandées et qui par conséquent donneront toujours les renseignements désirables à si peu de chose près que la différence pourra être négligée.

Il est, du reste, un moyen fort simple d'avoir le prix exact des farines.

Ainsi, le déchet étant plus de **3** pour cent, et les frais de mouture excédant **1** fr. **50** par cent kilos de blé, la farine, conséquemment, reviendra un peu plus chère que le prix porté sur le barême ; et réciproquement, si le déchet est moindre de **3** pour **100**, et si les frais de mouture sont moindres de **1** fr. **50**, la farine, conséquemment, reviendra un peu moins chère.

Si les sons valent plus de **10** fr. ou de **14** fr. les cent kilos, la farine reviendra un peu moins chère ; et réciproquement, si les sons valent moins de **10** fr. ou de **14** fr. les 0/0 kilog., la farine reviendra un peu plus chère que le prix porté sur le barême. Nous croyons utile de faire remarquer que ces différences seront toujours très minimes, qu'elles ne pourront jamais influencer de beaucoup le prix des farines, et qu'en conséquence on aura toujours par nos tableaux le prix des différents sacs ou barils de farines, comparativement aux prix des blés, à si peu de chose près que la différence pourra être négligée.

Suite des explications page 36.

22 — Les bases invariables sur lesquelles a été établi ce tableau

PRIX COMPARATIFS

des poids usités pour la vente des Blés ou des poids ordinaires de quelques mesures de capacité.

du Double 15 k.	du 1/2 H. 40 k.	des 3 Doub. 45 k.	de l'Hect. 80 k.	des 100 k.	de l'H. 1/2 120 k.	de la Charge 126 k.	des 2 Hecto. 160 k.	des 3 Hecto. 240 k.	le rendement pour cent en farines étant de
2.25	6. »	6.75	12. »	15. »	18. »	18.90	24. »	34.50	72 k. 74 » 76 » 78 » 80 »
2.40	6.40	7.20	12.80	16. »	19.20	20.16	25.60	36.80	72 » 74 » 76 » 78 » 80 »
2.55	6.80	7.65	13.60	17. »	20.40	21.42	27.20	39.10	72 » 74 » 76 » 78 » 80 »
2.70	7 20	8.10	14.40	18. »	21.60	22.68	28.80	41.40	72 » 74 » 76 » 78 » 80 »
2.85	7.60	8.55	15.20	19. »	22.80	23.94	30.40	43.70	72 » 74 » 76 » 78 » 80 »
3. »	8. »	9. »	16. »	20. »	24. »	25.20	32. »	46. »	72 » 74 » 76 » 78 » 80 »

Nota. Lorsque les mesures de capacité pèseront plus ou moins que
exactement le prix des farines, d'opérer ainsi qu'il est dit page 6. 3

sont : **1** f. **50** pour les frais de mouture et **3** pour cent de déchet.—

Et les Sons valant 10 fr. les cent kilos, les Farines reviendront à :					Et les Sons valant 14 fr. les cent kilos, les Farines reviendront à :				
les **88 k.**	les **100 k.**	les **122 k.**	les **124 k.**	les **157 k.**	les **88 k.**	les **100 k.**	les **122 k.**	les **124 k.**	les **157 k.**
17.11	19.44	23.72	24.11	30.52	15.88	18.05	22.02	22.38	28.36
16.88	19.18	23.41	23.79	30.12	15.79	17.94	21.89	22.25	28.17
16.67	18.94	23.11	23.49	29.74	15.70	17.84	21.76	22.12	28.01
16.47	18.71	22.83	23.21	29.38	15.61	17.74	21.64	22. »	27.85
16.28	18.50	22.57	22.94	29.04	15.53	17.65	21.53	21.88	27.71
18.33	20.83	25.41	25.83	32.70	17.11	19.44	23.72	24.11	30.52
18.07	20.54	25.05	25.47	32.24	16.98	19.29	23.54	23.92	30.29
17.83	20.26	24.72	25.12	31.81	16.85	19.15	23.37	23.75	30.07
17.60	20. »	24.40	24.80	31.40	16.74	19.02	23.21	23.59	29.87
17.38	19.75	24.09	24.49	31. »	16.63	18.90	23.05	23.43	29.67
19.56	22.22	27.11	27.55	34.88	18.33	20.83	25.41	25.83	32.70
19.26	21.89	26.70	27.14	34.37	18.17	20.64	25.19	25.60	32.41
18.98	21.57	26.32	26.75	33.87	18.01	20.47	24.97	25.38	32.14
18.72	21.28	25.96	26.38	33.41	17.87	20 30	24.77	25.18	31.88
18.48	21. »	25.62	26.04	32.96	17.73	20.15	24.58	24.98	31.63
20.78	23.61	28.80	29.27	37.06	19.56	22.22	27.11	27.55	34.88
20.45	23.24	28.35	28.82	36.49	19.35	21.99	26.83	27.27	34.53
20.14	22.89	27.93	28.38	35.94	19.17	21.78	26.58	27.02	34.20
19.85	22.56	27.52	27.97	35.42	19. »	21.58	26.33	26.76	33.89
19.58	22.25	27.14	27.59	34.93	18.83	21.40	26.10	26.53	33.59
22. »	25. »	30.50	31. »	39.25	20.78	23.61	28.80	29.27	37.06
21.64	24.59	30. »	30.49	38.61	20.54	23.34	28.48	28.95	36.66
21.30	24.21	29.53	30.02	38.01	20.33	23.10	28.18	28.65	36.27
20.98	23.84	29.09	29.56	37.43	20.13	22.87	27.90	28.35	35.90
20.68	23.50	28.67	29.14	36 89	19.93	22.65	27.63	28.08	35.55
23.22	26.38	32.19	32.72	41.43	22. »	25. »	30.50	31. »	39.25
22.83	25.94	31.65	32.17	40.73	21.73	24.70	30.13	30.63	38.78
22.46	25.52	31.14	31.65	40.07	21.49	24.41	29.79	30.28	38.34
22.11	25.12	30.65	31.15	39.45	21.25	24.15	29.46	29.94	37.92
21.78	24.75	30.19	30.69	38.85	21.03	23.90	29.15	29.63	37.52

es poids fixés dans l'entête du tableau, on sera forcé, pour avoir

 — Les bases invariables sur lesquelles a été établi ce table[au]

PRIX COMPARATIFS des poids usités pour la vente des Blés ou des poids ordinaires de quelques mesures de capacité.									le rendement pour cent en farines étant de
du Double 15 k.	du 1/2 H. 40 k.	des 3 Doub. 45 k.	de l'Hect. 80 k.	des 100 k.	de l'H. 1/2 120 k.	de la Charge 126 k.	des 2 Hecto. 160 k.	des 3 Hecto. 240 k.	
3.15	8.40	9.45	16.80	21. »	25.20	26.46	33.60	48.50	72 k. 74 » 76 » 78 » 80 »
3.30	8.80	9.90	17.60	22. »	26.40	27.72	35.20	50.60	72 » 74 » 76 » 78 » 80 »
3.45	9.20	10.35	18.40	23. »	27.60	28.98	36.80	52.90	72 » 74 » 76 » 78 » 80 »
3.60	9.60	10.80	19.20	24. »	28.80	30.24	38.40	55.20	72 » 74 » 76 » 78 » 80 »
3.75	10. »	11.25	20. »	25. »	30. »	31.50	40. »	57.50	72 » 74 » 76 » 78 » 80 »
3.90	10.40	11.70	20.80	26. »	31.20	32.76	41.60	59.80	72 » 74 » 76 » 78 » 80 »

Nota. Lorsque les mesures de capacité pèseront plus ou moins que exactement le prix des farines, d'opérer ainsi qu'il est dit page 36.

Et les Sons valant 10 fr. les cent kilos, les Farines reviendront à :					Et les Sons valant 14 fr. les cent kilos, les Farines reviendront à :				
les 8 k.	les 100 k.	les 122 k.	les 124 k.	les 157 k.	les 88 k.	les 100 k.	les 122 k.	les 124 k.	les 157 k.
4.44	27.77	33.88	34.44	43.61	23.22	26.38	32.19	32.72	41.43
4.02	27.29	33.30	33.84	42.85	22.92	26.05	31.78	32.30	40.90
3.62	26.84	32.74	33.28	42.14	22.64	25.73	31.39	31.95	40.40
3.24	26.41	32.22	32.74	41.46	22.38	25.43	31.03	31.53	39.93
2.88	26. »	31.72	32.24	40.81	22.13	25.15	30.68	31.18	39.48
5.67	29.16	35.58	36.16	45.79	24.44	27.77	33.88	34.44	43.61
5.20	28.64	34.95	35.52	44.97	24.11	27.40	33.43	33.98	43.02
4.77	28.15	34.35	34.91	44.20	23.80	27.05	33. »	33.54	42.47
4.36	27.69	33.78	34.33	43.47	23.51	26.71	32.59	33.12	41.94
3.98	27.25	33.24	33.79	42.77	23.23	26.40	32.20	32.73	41.44
.89	30.55	37.27	37.88	47.97	25.67	29.16	35.58	36.16	45.79
.39	29.99	36.59	37.19	47.09	25.30	28.75	35.08	35.65	45.14
.93	29.47	35.95	36.54	46.27	24.96	28.36	34.60	35.17	44.53
.49	28.97	35.34	35.92	45.48	24.64	28. »	34.15	34.71	43.95
.08	28.50	34.77	35.34	44.74	24.33	27.65	33.73	34.28	43.40
.11	31.94	38.97	39.61	50.15	26.89	30.55	37.27	37.88	47.97
.58	31.34	38.24	38.87	49.22	26.49	30.10	36.73	37.33	47.26
.09	30.78	37.56	38.17	48.33	26.12	29.68	36.21	36.81	46.60
.62	30.25	36.91	37.51	47.50	25.77	29.28	35.72	36.30	45.97
.18	29.75	36.29	36.89	46.70	25.43	28.90	35.25	35.83	45.36
.33	33.33	40.66	41.33	52.33	28.11	31.94	38.97	39.61	50.15
.77	32.69	39.89	40.55	51.34	27.68	31.45	38.38	39. »	49.39
.25	32.10	39.16	39.80	50.40	27.27	31. »	37.81	38.44	48.66
.75	31.53	38.47	39.10	49.51	26.90	30.56	37.28	37.89	47.98
.28	31. »	37.82	38.44	48.66	26.53	30.15	36.78	37.38	47.33
.56	34.72	42.36	43.05	54.51	29.33	33.33	40.66	41.33	52.33
.96	34.05	41.54	42.22	53.46	28.87	32.80	40.02	40.68	51.51
.40	33.42	40.77	41.44	52.47	28.43	32.31	39.42	40.07	50.73
.88	32.82	40.04	40.69	51.52	28.02	31.84	38.85	39.48	50. »
.38	32.25	39.34	39.99	50.62	27.63	31.40	38.30	38.93	49.29

poids fixés dans l'entête du tableau, on sera forcé, pour avoir

26 — Les bases invariables sur lesquelles a été établi ce tablea

PRIX COMPARATIFS

des poids usités pour la vente des Blés ou des poids ordinaires de quelques mesures de capacité.

du Double 15 k.	du 1/2 H. 40 k.	des Doub. 45 k.	de l'Hect. 80 k.	des 100 k.	de l'H. 1/2 120 k.	de la Charge 126 k.	des Hecto. 160 k.	des Hecto. 240 k.	le rende ment pour cent en farine étant de
4.05	10.80	12.15	21.60	27. »	32.40	34.02	43.20	62.10	72 74 76 78 80
4.20	11.20	12.60	22.40	28. »	33.60	35.28	44.80	64.40	72 74 76 78 80
4.35	11.60	13.05	23.20	29. »	34.80	36.54	46.40	66.70	72 74 76 78 80
4.50	12. »	13.50	24. »	30. »	36. »	37.80	48. »	69. »	72 74 76 78 80
4.65	12.40	13.95	24.80	31. »	37.20	39.06	49.60	71.30	72 74 76 78 80
4.80	12.80	14.40	25.60	32. »	38.40	40.32	51.20	73.60	72 74 76 78 80

NOTA. Lorsque les mesures de capacité pèseront plus ou moins qu exactement le prix des farines, d'opérer ainsi qu'il est dit page 36.

Et les Sons valant 10 fr. les cent kilos, les Farines reviendront à :					Et les Sons valant 14 fr. les cent kilos, les Farines reviendront à :				
les 8 k	les 100 k.	les 122 k.	les 124 k.	les 157 k	les 88 k.	les 100 k.	les 122 k.	les 124 k.	les 157 k.
1.78	36.11	44.05	44.77	56.70	30.56	34.72	42.36	43.05	54.51
1.15	35.40	43.19	43.90	55.58	30.06	34.15	41.67	42 36	53.63
0.56	34.73	42.37	43.07	54.53	29.59	33.62	41.02	41.70	52.80
0.01	34.10	41.60	42.28	53.54	29.15	33.12	40.41	41.07	52.01
9.48	33.50	40.87	41.54	52.58	28.73	32.65	39.83	40.48	51.25
3. »	37.50	45.75	46.50	58.87	31.78	36 11	44.05	44.77	56.70
2.34	36.75	44.84	45.57	57.70	31.25	35.50	43.32	44.03	55.75
1.72	36.05	43.98	44.70	56.60	30.75	34.94	42.63	43.33	54.86
1.13	35.38	43.16	43.87	55.55	30.28	34.40	41.97	42.66	54.02
0.58	34.75	42.39	43.09	54.55	29.83	33.90	41.35	42.03	53.21
4.22	38.88	47.44	48.22	61.05	33. »	37.50	45.75	46.50	58.87
3.53	38.10	46.49	47.25	59.82	32.43	36.85	44.97	45.71	57.87
2.88	37.36	45.58	46.33	58.66	31.91	36.26	44.24	44.96	56.93
2.26	36.66	44.73	45.46	57.56	31.41	35.69	43.54	44.25	56.03
.68	36. »	43.92	44.64	56.51	30.93	35.15	42.88	43.58	55.17
.44	40.27	49.13	49.94	63.23	34.22	38.88	47.44	48.22	61.05
.72	39.45	48.13	48.92	61 95	33.62	38.21	46.62	47.38	59.99
.04	38·68	47.19	47.96	60.73	33.06	37.57	45.84	46.59	58.99
.39	37.94	46.29	47.05	59.57	32.54	36.97	45.10	45.83	58.04
.78	37.25	45.44	46.19	58.47	32.03	36.40	44.40	45.13	57.14
.67	41.66	50.83	51.66	65.41	35.44	40.27	49.13	49.94	63.23
.91	40.80	49.78	50.60	64.07	34.81	39.56	48.27	49.06	62.12
.19	39.99	48.79	49.59	62.79	34.22	38.89	47.45	48.23	61.06
.52	39.23	47.86	48.64	61.59	33.66	38.25	46.67	47.42	60.06
.88	38.50	46.97	47.74	60.43	33.13	37.65	45.93	46.68	59.10
.89	43.05	52.52	53.38	67.59	36.67	41.66	50.83	51.66	65.41
.09	42.15	51.43	52.27	66.19	36. »	40.91	49.92	50.73	64.24
.35	41.31	50.40	51.23	64.86	35.38	40.20	49.05	49.86	63.52
.65	40.51	49.42	50.23	63.60	34.79	39.53	48.23	49.02	62.07
.98	39.75	48.49	49.29	62.39	34.23	38.90	47.45	48.23	61.06

poids fixés dans l'entête du tableau, on sera forcé, pour avoir

 — Les bases invariables sur lesquelles a été établi ce table

PRIX COMPARATIFS des poids usités pour la vente des Blés ou des poids ordinaires de quelques mesures de capacité.									le rend men pou cen en farin étan de
du Double 15 k.	du 1/2 H. 40 k.	des 3 Doub. 45 k.	de l'Hect. 80 k.	des 100 k.	de l'H. 1/2 120 k.	de la Charge 126 k.	des 2 Hecto. 160 k.	des 3 Hecto. 240 k.	
4.95	13.20	14.85	26.40	33. »	39.60	41.58	52.80	75.90	72 74 76 78 80
5.10	13.60	15.30	27.20	34. »	40.80	42.84	54.40	78.20	72 74 76 78 80
5.25	14. »	15.75	28. »	35. »	42. »	44.10	56. »	80.50	72 74 76 78 80
5.40	14.40	16.20	28.80	36. »	43.20	45.36	57.60	82.80	72 74 76 78 80
5.55	14.80	16.65	29.60	37. »	44.40	46.62	59.20	85.10	72 74 76 78 80
5.70	15 20	17.10	30.40	38. »	45.60	47.88	60.80	87.40	72 74 76 78 80

Nota. Lorsque les mesures de capacité pèseront plus ou moins qu exactement le prix des farines, d'opérer ainsi qu'il est dit page 36.

Et les sons valant 10 fr. les cent kilos, les Farines reviendront à :					Et les Sons valant 14 fr. les cent kilos, les Farines reviendront à :				
les 88 k.	les 100 k.	les 122 k.	les 124 k.	les 157 k.	les 88 k.	les 100 k.	les 122 k.	les 124 k.	les 157 k.
39.11	44.44	54.22	55.11	69.77	37.89	43.05	52.52	53.38	67.59
38 28	43.50	53.08	53.95	68.31	37.19	42.26	51.56	52.41	66.56
37.51	42.63	52.01	52.86	66.93	36 54	41.52	50.66	51.49	65.19
36.77	41.79	50.98	51.82	65.61	35.92	40.81	49.79	50.61	64.08
36.08	41. »	50.02	50.84	64.36	35.33	40.15	48.98	49.78	63.02
40.33	45.83	55.91	56.83	71.95	39.11	44.44	54.22	55.11	69.77
39.47	44.85	54.73	55.63	70.45	38.38	43.61	53.21	54.08	68.48
38.67	43.94	53.61	54.49	68.99	37.69	42.83	52.26	53.12	67.26
37.90	43.07	52.55	53.41	67.63	37.05	42.10	51.36	52.20	66.10
37.18	42.25	51.54	52.39	66.32	36.43	41.40	50.50	51.33	64.98
41.56	47.22	57.61	58.55	74.13	40.33	45.83	55.91	56.83	71.95
40.66	46.20	56.38	57.30	72.55	39.57	44.96	54.86	55.76	70.60
39.82	45.26	55.21	56.12	71.06	38.85	44.15	53.87	54.75	69.32
39.03	44.35	54.11	55. »	69.64	38.18	43.38	52.92	53.79	68.11
38.28	43.50	53.07	53.94	68.28	37.53	42.65	52.03	52.88	66.95
42.78	48.61	59.30	60.27	76.31	41.56	47.22	57.61	58.55	74.13
41.85	47.56	58.03	58.98	74.68	40.76	46.31	56.51	57.44	72.72
40.98	46.57	56.82	57.75	73.12	40.01	45.47	55.47	56.38	71.39
40.16	45.64	55.68	56.59	71.65	39.31	44.66	54.49	55.38	70.12
39.38	44.75	54.59	55.49	70.25	38.63	43.90	53.55	54.43	68.92
44. »	50. »	61. »	62. »	78.50	42.78	48.61	59.30	60.27	76.31
43.04	48.91	59.68	60.65	76.80	41.95	47.66	58.16	59.11	74.85
42.14	47.89	58.43	59.38	75.19	41.17	46.78	57.08	58.01	73.45
41.29	46.92	57.24	58.18	73.66	40.43	45.94	56.05	56.97	72.13
40.48	46. »	56.12	57.04	72.21	39.73	45.15	55.08	55.98	70.87
45.22	51.38	62.69	63.72	80.68	44. »	50 »	61. »	62. »	78.50
44.23	50.26	61.32	62.33	78.92	43.14	49.01	59.81	60.79	76.97
43.30	49.20	60 03	61.01	77.25	42.33	48.10	58 68	59.65	75.52
42.42	48.20	58.81	59.77	75.68	41.56	47.22	57.61	58.56	74.15
41.58	47.25	57.64	58.59	74.18	40.83	46.40	56.60	57.53	72.83

es poids fixés dans l'entête du tableau, on sera forcé, pour avoir

30 — Les bases invariables sur lesquelles a été établi ce tablea

PRIX COMPARATIFS

des poids usités pour la vente des Blés ou des poids ordinaires de quelques mesures de capacité.

du Double 15 k.	du 1/2 H. 40 k.	des 3 Doub. 45 k.	de l'Hect. 80 k.	des 100 k.	de l'H. 1/2 120 k.	de la Charge 126 k.	des 2 Hecto. 160 k.	des 3 Hecto. 240 k.	rendement pour cent en farines étant de
5.85	15.60	17.55	31.20	39. »	46.80	49.14	62.40	89.70	72 k. 74 » 76 » 78 » 80 »
6. »	16. »	18. »	32. »	40. »	48. »	50.40	64. »	92. »	72 » 74 » 76 » 78 » 80 »
6.15	16.40	18.45	32.80	41. »	49.20	51.66	65.60	94.30	72 » 74 » 76 » 78 » 80 »
6.30	16.80	18.90	33.60	42. »	50.40	52.92	67.20	96.60	72 » 74 » 76 » 78 » 80 »
6.45	17.20	19.35	34.40	43. »	51.60	54.18	68.80	98.90	72 » 74 » 76 » 78 » 80 »
6.60	17.60	19.80	35.20	44. »	52.80	55.44	70.40	101.20	72 » 74 » 76 » 78 » 80 »

Nota. Lorsque les mesures de capacité pèseront plus ou moins que exactement le prix des farines, d'opérer ainsi qu'il est dit page 36.

Et les Sons valant 10 fr. les cent kilos, les Farines reviendront à :					Et les Sons valant 14 fr. les cent kilos, les Farines reviendront à :				
es k.	les 100 k.	les 122 k.	les 124 k.	les 157 k.	les 88 k.	les 100 k	les 122 k.	les 124 k.	les 157 k.
.44	52.77	64.38	65.44	82.86	45.22	51.38	62.69	63.72	80.68
.42	51.61	62.97	64. »	81.04	44.33	50.36	61.46	62.46	79.09
.46	50.52	61.64	62.65	79.52	43.48	49.41	60.29	61.28	77.58
.54	49.48	60.37	61.36	77.69	42.69	48.51	59.18	60.15	76.46
.68	48.50	59.17	60.14	76.14	41.93	47.63	58.13	59.08	74.79
.67	54.16	66.08	67.16	85.04	46.44	52.77	64.38	65.44	82.86
.61	52.96	64.62	65.68	83.16	45.51	51.72	63.10	64.14	81.21
.61	51.84	63.24	64.28	81.38	44.64	50.73	61.89	62.91	79.65
.67	50.76	61.93	62.95	79.70	43.82	49.79	60.74	61.74	78.17
.78	49.75	60.69	61.69	78.10	43.03	48.90	59.65	60.63	76.76
.89	55.55	67.77	68.88	87.22	47.67	54.16	66.08	67.16	85.04
.80	54.31	66.27	67.36	85.28	46.70	53.07	64.75	65.81	83.33
.77	53.15	64.85	65.91	83.45	45.80	52.04	63.50	64.54	81.72
.80	52.05	63.50	64.54	81.72	44.95	51.07	62.31	63.33	80.19
.88	51. »	62.22	63.24	80.07	44.13	50.15	61.18	62.18	78.72
.11	56.94	69.47	70.61	89.40	48.89	55.55	67.77	68.88	87.22
.98	55.66	67.92	69.03	87.41	47.89	54.42	66.40	67.49	85.45
.93	54.47	66.45	67.54	85.52	46.96	53.36	65.10	66.17	83.78
.93	53.33	65.06	66.13	83.73	46.07	52.35	63.87	64.92	82.20
.98	52.25	63.74	64.79	82.02	45.23	51.40	62.70	63.73	80.68
1.33	58.33	71.16	72.33	91.58	50.11	56.94	69.47	70.61	89.40
.17	57.01	69.57	70.71	89.53	49.08	55.77	68.05	69.16	87.57
.09	55.78	68.06	69.17	87.58	48.11	54.67	66.71	67:80	85.85
8.06	54.61	66.63	67.72	85.74	47.20	53.63	65.45	66.51	84.21
7.08	53.50	65.27	66.34	83.99	46.53	52.65	64.23	65.28	82.64
2.56	59.72	72.86	74.05	93.76	51.53	58.33	71.16	72.33	91.58
1.36	58.36	71.22	72.38	91.65	50.27	57.12	69.70	70.84	89.70
0.24	57.10	69.66	70.80	89.65	49.27	55.99	68.31	69.44	87.91
9.18	56.89	68.19	69.31	87.75	48.33	54.92	67. »	68.10	86.22
8.18	54.75	66.79	67.89	85.95	47.43	53.90	65.75	66.83	84.60

s poids fixés dans l'entête du tableau, on sera forcé, pour avoir

32 — Les bases invariables sur lesquelles a été établi ce table

PRIX COMPARATIFS des poids usités pour la vente des Blés ou des poids ordinaires de quelques mesures de capacité.									le rende ment pour cent en farine étan de
du Double 15 k.	du 1/2 H. 40 k.	des 3 Doub. 45 k.	de l'Hect. 80 k.	des 100 k.	de l'H. 1/2 120 k.	de la Charge 126 k.	des 2 Hecto. 160 k.	des 3 Hecto. 240 k.	
6.75	18. »	20.25	36. »	45. «	54. »	56.70	72. »	103.50	72 74 76 78 80
6.90	18.40	20.70	36.80	46. »	55.20	57.96	73.69	105.80	72 74 76 78 80
7.05	18.80	21.15	37.60	47. »	56.40	59.22	75.20	108.10	72 74 76 78 80
7.20	19.20	21.60	38.40	48. »	57.60	60.48	76.80	110.40	72 74 76 78 80
7.35	19.60	22.05	39.20	49. »	58.80	61.74	78.40	112.70	72 74 76 78 80
7.50	20. »	22.50	40. »	50. »	60. »	63. »	80. »	115. »	72 74 76 78 80

NOTA. Lorsque les mesures de capacité pèseront plus ou moins q exactement le prix des farines, d'opérer ainsi qu'il est dit page **36.**

Et les Sons valant 10 fr. les cent kilos, les Farines reviendront à :					Et les Sons valant 14 fr. les cent kilos, les Farines reviendront à :				
les 3 k.	les 100 k.	les 122 k.	les 124 k.	les 157 k.	les 88 k.	les 100 k.	les 122 k.	les 124 k.	les 157 k.
3.78	61.11	74.55	75.77	95.94	52.56	59.72	72.86	74.05	93.76
2.55	59.71	72.86	74.06	93.77	51.46	58.47	71.55	72.52	91.82
.40	58.41	71.27	72.43	91.71	50.43	57.31	69.92	71.07	89.98
.31	57.17	69.75	70.90	89.77	49.46	56.20	68.56	69.69	88.24
.28	56. »	68.32	69.44	87.91	48.53	55.15	67.28	68.38	86.57
. »	62.50	76.25	77.50	98.12	53.78	61.11	74.55	75.77	95.94
.74	61.07	74.51	75.73	95.89	52.65	59.82	73. »	74.19	93.94
.56	59.73	72.87	74.07	93.78	51.59	58.62	71.52	72.70	92.04
44	58.46	71.32	72.49	91.78	50.59	57.48	70.13	71.28	90.25
.38	57.25	69.84	71. »	89.88	49.63	56.40	68.80	69.93	88.53
.22	63.88	77.94	79.22	100.30	55. »	62.50	76.25	77.50	98.12
.93	62.42	76.16	77.41	98.01	53.84	61.17	74.69	75.87	96.06
.72	61.05	74.48	75.70	95.84	52.75	59.94	73.13	74.33	94.11
.57	59.74	72.88	74.08	93.79	51.72	58.76	71.69	72.87	92.26
.48	58.50	71.37	72.54	91.84	50.73	57.63	70.33	71.48	90.49
.44	65.27	79.63	80.94	102.48	56.22	63.88	77.94	79.22	100.30
.12	63.77	77.81	79.08	100.13	55.03	62.52	76.29	77.54	98.18
.88	62.36	76.08	77.33	97.91	53.90	61.25	14.75	75.96	96.18
.70	61.02	74.45	75.67	95.80	52.84	60.04	73.25	74.46	94.27
.58	59.75	72.89	74.09	93.81	51.83	58.90	71.85	73.03	92.45
67	66.66	81.33	82.66	104.66	57.44	65.27	79.63	80.94	102.48
.31	65.12	79.46	80.76	102.26	56.22	63.87	77.94	79.22	100.30
.03	63.68	77.69	78.96	99.98	55.06	62.57	76.34	77.59	98.24
.83	62.30	76.01	77.26	97.82	53.97	61.33	74.82	76.05	96.29
.68	61. »	74.42	75.64	95.77	52.93	60.15	73.38	74.58	94.41
.89	68.05	83.02	84.38	106.84	58.67	66.66	81.33	82.66	104.66
.50	66.47	81.11	82.44	104.58	57.41	65.23	79.59	80.89	102.43
.19	65. »	79.30	80.60	102.04	56.22	63.88	77.94	79.22	100.31
.95	63.58	77.57	78.84	99.83	55.10	62.61	76.38	77.64	98.30
.78	62.25	75.94	77.19	97.73	54.03	61.40	74.90	76.13	96.38

s poids fixés dans l'entête du tableau, on sera forcé, pour avoir

PRIX COMPARATIFS

des poids usités pour la vente des Blés ou des poids ordinaires de quelques mesures de capacité.

du Double 15 k.	du 1/2 H. 40 k.	des 3 Doub. 45 k.	de l'Hect. 80 k.	des 100 k.	de l'H. 1/2 120 k.	de la Charge 126 k.	des 2 Hecto. 160 k.	des 3 Hecto- 240 k.	le rend mer pou cen en farin étan de
7.65	20.40	22.95	40.80	51. »	61.20	64.26	81.60	117.30	72. 74. 76. 78. 80.
7.80	20.80	23.40	41.60	52. »	62.40	65.52	83.20	119.60	72. 74. 76. 78. 80.
7.95	21.20	23.85	42.40	53. »	63.60	66.78	84.80	121.90	72. 74. 76. 78. 80.
8.10	21.60	24.30	43.20	54. »	64.80	68.04	86.40	124.20	72. 74. 76. 78. 80.
8.25	22. »	24.75	44. »	55. »	66. »	69.30	88. »	126.50	72. 74. 76. 78. 80.
8.40	22.40	25.20	44.80	56. »	67.20	70.56	89.60	128.80	72. 74. 76. 78. 80.

Nota. Lorsque les mesures de capacité pèseront plus ou moins q exactement le prix des farines, d'opérer ainsi qu'il est dit page 36.

Et les Sons valant 10 fr. les cent kilos, les Farines reviendront à :					Et les Sons valant 14 fr. les cent kilos, les Farines reviendront à :				
les 8 k.	les 100 k.	les 122 k.	les 124 k.	les 157 k.	les 88 k.	les 100 k.	les 122 k.	les 124 k.	les 157 k.
1.11	69.44	84.72	86.11	109.02	59.90	68.05	83.02	84.38	106.84
9.69	67.82	82.76	84.11	106.50	58.60	66.58	81.24	82.57	104.55
8.35	66.31	80.90	82.22	104.11	57.38	65.20	79.55	80.86	102.37
7.08	64.87	79.14	80.43	101.84	56.23	63.89	77.95	79.23	100.31
5.88	63.50	74.47	78.74	99.69	55.13	62.65	76.43	77.68	98.34
2.33	70.83	86.41	87.83	111.20	61.11	69.44	84.72	86.11	109.02
0.87	69.17	84.40	85.79	108.62	59.78	67.93	82.89	84.25	106.67
9.51	67.62	82.50	83.86	106.17	58.53	66.52	81.15	82.49	104.44
8.21	66.15	80.70	82.02	103.86	57.36	65.17	79.51	80.82	102.35
6.98	64.75	78.99	81.29	101.65	56.23	63.90	77.95	79.23	100.30
3.56	72.22	88.11	89.55	113.38	62.33	70.83	86.41	87.83	111.20
2.06	70.52	86.05	87.46	110.74	60.97	69.28	84.54	85.92	108.79
0.67	68.94	84.11	85.49	108.24	59.69	67.83	82.76	84.12	106.50
9.34	67.43	82.27	83.61	105.87	58.48	66.45	81.07	82.40	104.34
8.08	66. »	80.52	81.84	103.62	57.33	65.15	79.48	81.78	102.26
4.78	73.61	89.80	91.27	115.56	63.56	72.22	88.11	89.55	113.38
3.25	71.87	87.70	89.14	112.86	62.16	70.63	86.18	87.60	110.91
1.82	70.25	85.71	87.12	110.30	60.85	69.15	84.37	85.75	108.57
0.47	68.71	83.83	85.20	107.88	59.61	67.74	82.64	83.99	106.35
9.18	67.25	82.04	83.39	105.58	58.43	66.40	81. »	82.33	104.22
6. »	75. »	91.50	93. »	117.75	64.78	73.61	89.80	91.27	115.56
4.44	73.22	89.35	90.81	114.99	63.35	71.98	87.83	89.27	113.03
2.98	71.57	87.32	88.75	112.37	62.01	70.46	85.97	87.38	110.64
1.59	70. »	85.40	86.80	109.90	60.74	69.02	84.20	85.58	108.36
0.28	68.50	83.57	84.94	107.54	59.53	67.65	82.53	83.88	106.19
7.22	76.38	93.19	94.72	119.93	66. »	75. »	91.50	93. »	117.75
5.63	74.58	91. »	92.49	117.11	64.54	73.35	89.48	90.95	115.16
4.14	72.89	88.92	90.38	114.44	63.17	71.78	87.58	89.01	112.70
2.72	71.28	86.96	88.38	111.91	61.87	70.30	85.77	87.17	110.38
.38	69.75	85.09	86.49	109.50	60.65	68.90	84.05	85.43	108.15

poids fixés dans l'entête du tableau, on sera forcé, pour avoir

Si le poids des mesures de capacité est plus ou moindre que ceux indiqués dans l'entête de nos tableaux, on sera forcé de recourir à notre barême des grains qui précède pour connaître le prix des 0/0 kilos, comparativement au poids de la mesure de capacité dont il sera question ; lorsque, par les moyens que nous avons indiqués, on connaîtra le résultat, on reviendra alors au barême des farines, et ayant trouvé le prix des 0/0 kilos., on verra en face le prix des différents sacs ou barils d'après les rendement, déchet, frais de mouture et prix des sons.

Ainsi nous avons traité la charge de 8 doubles sur un poids moyen de 126 kilog. Si elle ne pesait que 124 kilog. nous chercherions à notre barême des grains le prix des 100 kilog., comparativement au prix des 124 kilog. Ayant trouvé le prix des 0/0 kilog. par les moyens indiqués dans ce barême, nous reviendrions ensuite chercher le prix des farines comparativement aux prix des 100 k. que nous aurions trouvé.

Nous eussions pu pour simplifier davantage notre barême ne donner le prix des farines que comparativement aux prix des 100 kilos. Mais alors on eut été forcé dans les localités où l'on vend aux mesures de capacité d'avoir continuellement recours à notre premier barême pour connaître le rapport de ces différentes mesures de capacité aux 100 kilos, puis après recourir au barême des farines pour connaître le prix de ces dernières. L'arrangement que nous avons adopté exempte de toutes ces recherches et donne à l'instant le prix des différents sacs de farines comparativement aux prix de n'importe quelle mesure de capacité, lorsque toutefois cette mesure aura le poids que nous avons indiqué.

Connaissant le prix des farines relativement aux blés, il sera très-facile d'établir le prix des différentes qualités que l'on obtiendra par la mouture des blés.

RÉSUMÉ DE L'OUVRAGE.

Il ressort clairement de l'arrangement que nous avons adopté, que quels que soit :

L'usage de vente des grains, A la mesure de capacité ou au poids, Les frais de mouture, Le rendement, Le déchet, Le prix des sons,	On aura à l'instant le prix de revient de n'importe quel sac ou baril usités en France pour la vente des farines.

TABLEAUX COMPARATIFS

DES

DIFFÉRENTS POIDS

Usités en France

Pour la vente des FARINES.

On vend en France les Farines aux poids suivants :

88 kilos net. Baril d'Amérique.

100 » net. Sac de

122 » net. Sac du Midi.

124 » net. Sac de la Bourgogne.

157 » net. Sac de Paris.

Les tableaux suivants établissent le rapport des prix de ces différents poids.

si 88 k. coûtent	PRIX de 100 k.	122 k.	124 k.	157 k.	si 88 k. coûtent	PRIX de 100 k.	122 k.	124 k.	157 k
20. »	22.73	27.73	28.18	35 68	37.50	42.61	51.98	52.84	66.9
20.50	23.29	28.42	28.88	36.57	38. »	43.17	52.67	53.54	67.79
21. »	23.86	29.11	29.59	37.46	38.50	43.74	53.36	54.25	68.68
21.50	24.43	29.81	30.29	38.36	39. »	44.31	54.06	54 95	69.57
22. »	25. »	30.49	30.99	39.25	39.50	44.88	54.75	55.65	70.47
22.50	25.57	31 19	31.70	40.14	40. »	45.45	55.44	56.36	71.36
23. »	26.14	31.88	32.40	41.03	40.50	46.01	56.14	57.06	72.25
23.50	26.70	32.58	33.11	41.92	41. »	46.58	56.83	57.77	73.14
24. »	27.27	33.27	33.81	42.82	41.50	47.15	57.52	58.47	74.03
24.50	27.84	33.96	34.52	43.71	42. »	47.72	58.21	59.18	74.93
25. »	28.41	34.65	35.22	44.60	42.50	48.29	58.91	59 88	75.82
25.50	28.97	35.35	35.93	45.49	43. »	48.85	59.60	60.59	76.71
26. »	29.54	36.05	36.63	46.38	43.50	49.42	60.30	61.29	77.60
26.50	30.11	36.73	37.34	47.28	44. »	49.99	60.99	61.99	78.49
27. »	30.68	37.43	38.04	48.17	44.50	50.55	61.68	62.70	79.39
27.50	31.25	38.12	38.74	49.06	45. »	51.13	62.37	63.40	80.28
28. »	31.81	38.81	39.45	49.95	45.50	51.69	63.07	64.11	81.17
28.50	32.5[illegible]	39.51	40.15	50.84	46. »	52.26	63.76	64.81	82.06
29. »	32.9[illegible]	40.19	40.86	51.74	46.50	52.83	64.45	65.52	82.95
29.50	33.[illegible]	40.89	41.56	52.63	47. »	53.40	65.15	66.22	83.85
30. »	34.09	41.58	42.27	53.52	47.50	53.96	65.84	66.93	84.74
30.50	34.65	42.28	42.97	54.41	48. »	54.53	66.55	67.63	85.63
31. »	35.22	42.97	43.68	55.30	48.50	55.10	67.22	68.34	86.52
31.50	35.79	43.66	44.38	56.19	49. »	55.67	67.92	69.04	87.42
32. »	36.36	44.35	45.08	57.09	49.50	56 24	68.61	69.74	88.31
32.50	36.92	45.05	45.79	57.98	50. »	56.81	69.30	70.45	89.20
33. »	37.49	45.74	46.49	58.87	50.50	57.37	70. »	71.15	90.09
33.50	38.06	46.43	47.20	59.76	51. »	57.94	70.69	71.86	90.98
34. »	38.63	47.13	47.90	60.65	51.50	58.51	71.38	72.56	91.87
34.50	39.20	47.82	48.61	61.55	52. »	59.08	72.07	73.27	92.77
35. »	39.77	48.51	49.31	62.44	52.50	59.65	72.77	73.97	93.66
35.50	40.33	49.21	50.02	63.33	53. »	60.21	73.46	74.68	94.55
36. »	40.90	49.90	50.72	64.22	53.50	60.78	74.15	75.38	95.44
36.50	41.47	50.59	51.43	65.12	54. »	61.35	74.85	76.08	96.33
37. »	42.04	51.28	52.13	66. »	54.50	61.92	75.54	76.79	97.23

si 88 k. coûtent	PRIX de 100 k.	122 k.	124 k.	157 k.	si 88 k. coûtent	PRIX de 100 k.	122 k.	124 k.	157 k.
5. »	62.48	76.23	77.49	98.12	72.50	82.38	100.51	102.15	129.34
5.50	63.05	76.93	78.20	99.01	73. »	82.95	101.20	102.86	130.23
6. »	63.62	77.62	78.90	99.91	73 50	83.52	101.89	103.56	131.12
6.50	64 19	78.31	79.61	100.79	74 »	84.09	102.58	104.27	132.02
7. »	64.76	79. »	80.31	101.69	74.50	84.65	103.28	104.97	132.91
7.50	65.33	79.70	81.02	102.58	75. »	85.22	103.97	105 67	133.80
8. »	65.89	80.39	81.72	103.47	75.50	85.79	104.66	106.38	134.69
8.50	66.46	81 08	82.43	104.36	76. »	86.36	105.35	107.08	135.58
9. »	67.02	81.78	83.13	105.25	76.50	86.93	106.04	107.79	136.47
9.50	67.60	82.47	83.83	106.15	77. »	87.49	106.74	108.49	137.36
0. »	68.16	83.16	84.54	107.04	77.50	88 06	107 43	109.20	138.25
0.50	68.73	83.86	85.24	107.93	78. »	88.63	108.12	109.90	139.15
1. »	69.30	84.55	85.95	108.82	78.50	89.20	108.81	110.61	140.03
1.50	69.87	85.24	86.65	109.72	79. »	89.77	109.50	111.31	140.93
2. »	70.44	85.93	87.36	110.61	79.50	90.33	110.20	112.01	141.82
2.50	71. »	86.64	88.06	111.50	80. »	90.90	110.89	112.72	142.71
3. »	71.57	87.33	88.77	112.39	80.50	91.47	111.58	113.42	143.60
3.50	72.14	88.03	89.47	113.28	81. »	92.04	112·27	114.13	144.49
4. »	72.71	88 72	90.18	114.18	81.50	92.61	112.96	114.83	145.38
4.50	73.28	89.41	90.88	115.07	82. »	93.17	113.65	115.54	146.27
5. »	73.85	90.11	91.58	115.96	82.50	93.74	114.35	116.24	147.16
5.50	74.41	90.80	92.29	116.85	83. »	94.31	115.04	116.95	148.05
6. »	74.98	91.49	92.99	117.74	83.50	94.88	115.73	117.65	148.94
6 50	75.55	92.18	93.70	118.63	84. »	95.45	116.42	118.36	149.84
7. »	76.12	92·87	94.40	119.53	84.50	96.01	117.12	119 06	150.73
7.50	76.69	93.57	95.11	120 42	85. »	96.58	117.81	119 76	151.62
8. »	77.25	94.26	93.81	121.31	85.50	97.15	118.50	120.47	152.51
8.50	77.82	94.95	96.52	122.20	86. »	97.72	119.20	121.17	153.40
9. »	78.39	95.65	97.22	123.09	86.50	98.29	119.88	121.88	154.29
9.50	78.96	96.34	97.92	123.99	87. »	98.85	120.58	122.58	155.18
. »	79.52	97.03	98.63	124.89	87.50	99.42	121.27	123.29	156.07
.50	80.09	97.73	99.33	125.77	88. »	99.99	121.96	123.99	156.96
. »	80.66	98.42	100.04	126.67	88.50	100.56	122.65	124.70	157.85
1.50	81 23	99.11	100.74	127.55	89. »	101.13	123.34	125.40	158.75
»	81.81	99.81	101.45	128.45	89.50	101.69	124.04	126.10	159.64

si 100 k coûtent	PRIX de 88 k.	122 k.	124 k.	157 k.
25. »	22. »	30.50	31. »	39.25
25.50	22.44	31.11	31.62	40.03
26. »	22.88	31.72	32.24	40.82
26.50	23.32	32.33	32.86	41.60
27. »	23.76	32.94	33.48	42.39
27.50	24.20	33.55	34.10	43.17
28. »	24.64	34.16	34.72	43.96
28.50	25.08	34.77	35.34	44.74
29. »	25.52	35.38	35.96	45.53
29.50	25.96	35.99	36.58	46.31
30. »	26.40	36.60	37.20	47.10
30.50	26.84	37.21	37.82	47.88
31. »	27.28	37.82	38.44	48.67
31.50	27.72	38.43	39.06	49.45
32. »	28.16	39.04	39.68	50.24
32.50	28.60	39.65	40.30	51.02
33. »	29.04	40.26	40.92	51.81
33.50	29.48	40.87	41.54	52.59
34. »	29.92	41.48	42.16	53.38
34.50	30.36	42.09	42.78	54.16
35. »	30.80	42.70	43.40	54.95
35.50	31.24	43.31	44.02	55.73
36. »	31.68	43.92	44.64	56.62
36.50	32.12	44.53	45.26	57.30
37. »	32.56	45.14	45.88	58.09
37.50	33. »	45.75	46.50	58.87
38. »	33.44	46.36	47.12	59.66
38.50	33.88	46.97	47.74	60.44
39. »	34.32	47.58	48.36	61.23
39.50	34.76	48.19	48.98	62.01
40. »	35.20	48.80	49.60	62.80
40.50	35.64	49.41	50.22	63.58
41. »	36.08	50.02	50.84	64.37
41.50	36.52	50.63	51.46	65.15
42. »	36.96	51.24	52.08	65.94

si 100 k coûtent	PRIX de 88 k.	122 k.	124 k.	157 k.
42.50	37.40	51.85	52.70	66.72
43. »	37.84	52.46	53.32	67.51
43.50	38.28	53.07	53.94	68.29
44. »	38.72	53.68	54.56	69.08
44.50	39.16	54.29	55.18	69.86
45. »	39.60	54.90	55.80	70.65
45.50	40.04	55.51	56.42	71.43
46. »	40.48	56.12	57.04	72.22
46.50	40.92	56.73	57.66	73. »
47. »	41.36	57.34	58.28	73.79
47.50	41.80	57.95	58.90	74.57
48. »	42.24	58.56	59.52	75.36
48.50	42.68	59.17	60.14	76.14
49. »	43.12	59.78	60.76	76.93
49.50	43.56	60.39	61.38	77.71
50. »	44. »	61. »	62. »	78.50
50.50	44.44	61.61	62.62	79.28
51. »	44.88	62.22	63.24	80.07
51.50	45.32	62.83	63.86	80.85
52. »	45.76	63.44	64.48	81.64
52.50	46.20	64.05	65.10	82.42
53. »	46.64	64.66	65.72	83.21
53.50	47.08	65.27	66.34	83.99
54. »	47.52	65.88	66.96	84.78
54.50	47.96	66.49	67.58	85.56
55. »	48.40	67.10	68.20	86.35
55.50	48.84	67.71	68.82	87.13
56. »	49.28	68.32	69.44	87.92
56.50	49.72	68.93	70.06	88.70
57. »	50.16	69.54	70.68	89.49
57.50	50.60	70.15	71.30	90.27
58. »	51.04	70.76	71.92	91.06
58.50	51.48	71.37	72.54	91.84
59. »	51.92	71.98	73.16	92.63
59.50	52.36	72.59	73.78	93.41

si 100 k coûtent	PRIX de 88 k.	122 k.	124 k.	157 k.	si 100 k coûtent	PRIX de 88 k.	122 k.	124 k.	157 k.
0. »	52.80	73.20	74.40	94.20	77.50	68.20	94.55	96.10	121.67
0.50	53.24	73.81	75.02	94.98	78. »	68.64	95.16	96.72	122.46
1. »	53.68	74.42	75.64	95.77	78.50	69.08	95.77	97.34	123.24
1.50	54.12	75.03	76.26	96.55	79. »	69.52	96.38	97.96	124.03
2. »	54.56	75.64	76.88	97.34	79.50	69.96	96.99	98.58	124.81
2.50	55. »	76.25	77.50	98.12	80. »	70.40	97.60	99.20	125.60
3. »	55.44	76.86	78.12	99.91	80.50	70.84	98.21	99.82	126.38
3.50	55.88	77.47	75.74	99 69	81. »	71.28	98.82	100.44	127.17
4. »	56.32	78.08	79.36	100.48	81.50	71.72	99.43	101.06	127.95
4.50	56.76	78.69	79.98	101.26	82. »	72.16	100.04	101.68	128.74
5. »	57.20	79.30	80.60	102.05	82.50	72.60	100.65	102.30	129.52
5.50	57.64	79.91	81.22	102.83	83. »	73.04	101.26	102.92	130.31
6. »	58.08	80.52	81.84	103.62	83.50	73.48	101.87	103.54	131.09
6.50	58.52	81.13	82.46	104.40	84. »	73 92	102.48	104.16	131.87
7. »	58.96	81.74	83.08	105.19	84.50	74.36	103.09	104 78	132.65
7.50	59.40	82.35	83.70	106.97	85. »	74.80	103.70	105.40	133.43
. »	59.84	82.96	84.32	106.76	85.50	75.24	104.31	106.02	134.21
.50	60.28	83.57	84.94	107.54	86. »	75.68	104.92	106.64	134.99
. »	60.72	84.18	85.56	108.33	86.50	76.12	105.53	107.26	135.77
.50	61 16	84.79	86.18	109.11	87. »	76.56	106.14	107.88	136.55
. »	61.60	85.40	86.80	109.90	87.50	77. »	106.75	108.50	137.33
.50	62.04	86.01	87.42	100.68	88. »	77.44	107.36	109.12	138.11
. »	62.48	86.62	88.04	111.47	88.50	77.88	107.97	109.74	138.89
.50	62.92	87.23	88.66	112.25	89. »	78.32	108.58	110.36	139 67
. »	63.36	87.84	89.28	113.04	89.50	78.76	109.19	110.98	140.45
.50	63 80	88.45	89.90	113.82	90. »	79.20	109.80	111.60	141.23
. »	64.24	89.06	90.52	114.61	90.50	79.64	110.41	112.22	142.01
.50	64.68	89.67	91.14	115.39	91. »	80.08	111.02	112.84	142.79
. »	65.12	90.28	91.76	116.18	91.50	80.52	111.63	113.46	143.57
.50	65.56	90.89	92.38	116.96	92. »	80.96	112.25	114.08	144.35
. »	66. »	91.50	93. »	117.75	92.50	81.40	112.85	114.70	145.13
.50	66.44	92.11	93.62	118.53	93. »	81.84	113.46	115.32	145.91
. »	66.88	92.72	94.24	119.32	93.50	82.28	114.07	115.94	146.69
.50	67.32	93.33	94.86	120.10	94. »	82.72	114.68	116.56	147.47
. »	67.76	93.94	95.48	120.89	94.50	83.16	115.29	117.18	148.25

si 122 k coûtent	PRIX de 88 k.	100 k.	124 k.	157 k.	si 122 k coûtent	PRIX de 88 k.	100 k.	124 k.	157 k.
30. »	21.63	24.59	30.49	38.60	47.50	34.25	38.95	48.27	61.1[illegible]
30.50	22. »	25. »	30.99	39.24	48. »	34.61	39.34	48.78	61.7[illegible]
31. »	22.35	25.40	31.50	39 88	48.50	34.97	39.75	49.29	62 3[illegible]
31.50	22.71	25.81	32.01	40.53	49. »	35.32	40.16	49.79	63.0[illegible]
32. »	23.97	26.22	32.52	41.17	49.50	35.69	40.57	50.30	63.6[illegible]
32.50	23.43	26.63	33.03	41.81	50. »	36.05	40.98	50.81	64.3[illegible]
33. »	23.79	27.04	33.54	42.46	50.50	36.41	41.39	51.32	64.9[illegible]
33.50	24.15	27.45	34 04	43.10	51. »	36.77	41.80	51 83	65.6[illegible]
34. »	24.51	27.86	34.55	43.74	51.50	37.13	42.21	52.34	66.2[illegible]
34.50	24.87	28.27	35.06	44.38	52. »	37.49	42.62	52.84	66.8[illegible]
35. »	25.23	28.68	35.57	45.03	52.50	37.85	43.03	53.35	67.5[illegible]
35.50	25.59	29.09	36.08	45.67	53. »	38.21	43.44	53.86	68.1[illegible]
36. »	25.96	29.50	36.58	46.32	53.50	38.57	43.85	54.37	68.8[illegible]
36.50	26.32	29.91	37.09	46.96	54. »	38.93	44.26	54.88	69.4[illegible]
37. »	26.68	30.32	37.60	47.60	54.50	39.50	44.67	55.58	70.11
37.50	27.04	30.73	38.11	48.24	55. »	39.66	45.08	55.89	70.7[illegible]
38. »	27.40	31.14	38.62	48.89	55.50	40.03	45.49	56.40	71.3[illegible]
38.50	27.76	31.55	39.12	49.53	56. »	40.39	45.90	56.91	72.04
39 »	28.12	31.96	39.63	50.17	56.50	40.75	46.31	57.42	72.68
39.50	28.48	32.37	40.14	50.82	57. »	41.11	46.72	57.92	73.32
40. »	28.84	32.78	40.65	51.46	57.50	41.47	47.13	58.43	73.96
40.50	29.20	33.19	41.16	52.10	58. »	41.83	47.54	58.94	74.61
41. »	29.56	33.60	41.67	52.75	58.50	42.19	47.95	59.45	75.26
41.50	29.92	34 01	42.68	53.39	59. »	42.55	48 36	59.96	75.89
42. »	30.28	34.42	42.51	54.03	59.50	42.91	48.77	60.46	76.54
42.50	30.65	34.83	43.19	54.67	60. »	43.37	49.18	60.97	77.18
43. »	31.01	35.24	43.70	55.32	60.50	43.73	49.59	61.48	77.82
43.50	31.37	35.65	44.21	55.96	61. »	44. »	50. »	61.99	78.46
44. »	31.73	36.06	44.71	56.60	61.50	44.35	50.40	62.50	79.11
44.50	32.09	36.47	45.22	57.24	62. »	44.71	50.81	63.01	79.75
45. »	32.45	36.88	45.73	57.89	62.50	45.07	51.22	63 51	80.39
45.50	32 81	37.29	46.24	58.53	63. »	45.43	51.63	64.02	81.04
46. »	33.17	37.70	46.75	59.17	63.50	45.79	52.04	64.53	81.68
46.50	33.53	38.11	47·25	59.82	64. »	46.15	52.45	65.04	82.32
47. »	33.89	38.52	47.76	60.46	64.50	46.51	52.86	65.55	82.97

si 22 k ûtent	PRIX de				si 122 k coûtent	PRIX de			
	88 k.	100 k.	124 k.	157 k.		88 k.	100 k.	124 k.	157 k.
5. »	46.87	53.27	66.05	83.61	82.50	59.50	67.62	83.85	106.14
5.50	47.23	53.68	66.56	84.26	83. »	59.86	68.03	84.36	106.78
6. »	47.59	54.09	67.07	84.91	83.50	60.22	68.44	84.86	107·43
6.50	47.95	54.50	67.58	85.55	84. »	60.58	68.85	85·37	108.07
7. »	48.31	54 91	68 09	86.19	84.50	60.94	69.26	85.88	108.71
7.50	48.67	55.32	68.59	86.83	85. »	61.30	69.67	86.39	109.39
8. »	49.03	55.73	69.10	87.48	85.50	61.67	70.08	86.90	110.03
8.50	49.40	56.14	69.61	88.12	86. »	62.03	70·49	87.40	110.67
9. »	49.76	56.55	70.12	88.76	86.50	62 39	70.90	87.91	111.31
9.50	50.12	56.96	70.63	89.41	87 »	62.75	71.31	88.42	111.96
0. »	50.48	57.37	71.13	90.05	87.50	63.11	71.72	88.93	112.60
0.50	50.84	57.78	71.64	90.69	88. »	63.47	72.13	89.44	113.24
1. »	51.20	58.19	72.15	91.34	88.50	63.83	72.54	89.95	113.89
1.50	51.56	58.60	72.66	91.98	89. »	64.19	72.95	90 45	114.53
2. »	51.92	59.01	73.17	92.62	89.50	64.55	73.36	90.96	115.17
2.50	52.28	59.42	73.68	93.26	90. »	64.92	73.77	91.47	115.82
3. »	52.64	59.83	74.18	93.91	90.50	65.27	74.18	91.98	116.46
3.50	53.01	60.24	74.69	94.55	91. »	65.63	74.59	92.49	117.10
4. »	53.37	60.65	75.20	95.19	91.50	66. »	75. »	93. »	117.75
4.50	53.73	61.06	75.71	95.85	92. »	66.35	75.40	93.50	118.39
5. »	54.09	61.47	76.22	96.50	92.50	66.71	75.81	94.01	119.04
5.50	54.45	61.88	76.72	97.14	93. »	67.07	76.22	94.52	119.67
6. »	54.81	62.29	77.23	97.78	93.50	67.43	76.63	95.03	120.32
6.50	55.17	62.70	77.74	98.43	94. »	67·78	77.03	95.54	120.96
7. »	55.53	63.11	78.25	99 07	94.50	68.15	77.45	96.04	121.61
7.50	55.89	63.52	78.76	99.71	95. »	68.21	77.86	96.55	122.24
8. »	56.25	63.93	79.26	100.36	95.50	68.57	78.27	97.06	122.88
8.50	56.61	64.34	79.77	101.00	96. »	68.93	78.68	97.57	123.52
9. »	56.97	64.75	80.28	101.64	96.50	69.29	79.09	98.08	124.17
9.50	57.33	65.16	80.79	102.28	97. »	69.65	79.50	98.58	124.81
0. »	57.69	65.57	81.30	102 93	97.50	70.01	79.91	99.09	125.45
0.50	58 06	65.98	81.80	103.57	98. »	70.37	80.32	99.60	126.10
1. »	58.42	66 59	82.31	104.22	98.50	70.73	80.75	100.11	126.75
1.50	58.78	66.80	82.82	104.86	99. »	71.09	81.14	100.62	127.39
2. »	59.14	67.21	83.33	105.50	99.50	71.45	81.55	101.12	128.03

si 124 k coûtent	PRIX de 88 k.	100 k.	122 k	157 k.
30. »	21.28	24.19	29.51	37.98
30.50	21.64	24.59	30. »	38.61
31. »	22. »	24.99	30.49	39.24
31.50	22.35	25.40	30.99	39.88
32. »	22.71	25.80	31.48	40.51
32.50	23.06	26.20	31.97	41.15
33. »	23.41	26.61	32.46	41.79
33.50	23.77	27.01	32.95	42.42
34. »	24.13	27.41	33.45	43.05
34.50	24.48	27.82	33.94	43.69
35. »	24.84	28.22	34.43	44.32
35.50	25.20	28.62	34.92	44.95
36. »	25.55	29.03	35.41	45.58
36.50	25.90	29.43	35.91	46.22
37. »	26.25	29.83	36.40	46.85
37.50	26.61	30 24	36.89	47.48
38. »	26.96	30.64	37.38	48.12
38.50	27.32	31.04	37.87	48.75
39. »	27.67	31.45	38.36	49.38
39.50	28.03	31.85	38.86	50 01
40. »	28.38	32.25	39.35	50.65
40.50	28.74	32.66	39.84	51.28
41. »	29.09	33.06	40.33	51.91
41.50	29.45	33.46	40.82	52.55
42. »	29.81	33.87	41.32	53.18
42.50	30.15	34.27	41.81	53.81
43. »	30.51	34.67	42.30	54.45
43.50	30.87	35.07	42.79	55.08
44. »	31.22	35.48	43.28	55.71
44.50	31.52	35.88	43.78	56.34
45. »	31.93	36.28	44.27	56.98
45.50	32.29	36.69	44.76	57.61
46. »	32.64	37 09	45.25	58.24
46.50	33. »	37.49	45.74	58.88
47. »	33.35	37.90	46.24	59.51

si 124 k coûtent	PRIX de 88 k.	100 k.	122 k.	157 k
47.50	33.71	38.30	46.73	60 1
48 »	34.06	38.70	47.22	60.7
48.50	34.42	39.11	47.71	61.4
49. »	34.77	39.51	48.20	62.0
49.50	35.13	39.91	48.69	62.6
50. »	35.48	40.32	49.19	63.3
50.50	35.83	40.72	49.68	63.9
51. »	36.20	41.12	50.17	64.5
51.50	36.54	41.53	50.66	65.2
52. »	36.90	41.93	51.15	65.8
52.50	37.25	42.33	51.65	66.4
53. »	37.61	42.74	52.14	67.1
53.50	37.96	43.14	52.63	67.7
54. »	38.32	43.54	53.12	68.3
54.50	38.67	43.95	53.61	69.
55. »	39.03	44.35	54.11	69.6
55.50	39.38	44.75	54.60	70.2
56. »	39.74	45.15	55.09	70.9
56.50	40.10	45.56	55.58	71.5
57. »	40.45	45.96	56.07	72.1
57.50	40.80	46.36	56.56	72.8
58. »	41 15	46.77	57.06	73.4
58.50	41.51	47.17	57.55	74.0
59. »	41.87	47.57	58.04	74.7
59.50	42.22	47.98	58.53	75.3
60. »	42.58	48.38	59.02	75.9
60.50	42.93	48 78	59.52	76.6
61. »	43.28	49.19	60.01	77.2
61.50	43.64	49.59	60.50	77.8
62. »	44. »	49.99	60.99	78.5
62.50	44.35	50.40	61.48	79.1
63. »	44.71	50.80	61.98	79.7
63.50	45.06	51.20	62.47	80.4
64. »	45.41	51.61	62.96	81.0
64.50	45.77	52.01	63.45	81.6

si 24 k ûtent	PRIX de 88 k.	100 k.	122 k.	157 k.	si 124 k coûtent	PRIX de 88 k.	100 k.	122 k.	157 k.
5. »	46.13	52.41	63.95	82.30	82.50	58.54	66.52	81.16	104.45
5.50	46.48	52.82	64.44	82.93	83. »	58.90	66.93	81.66	105.09
6. »	46.84	53.22	64.93	83.56	83.50	59.25	67.33	82.15	105.72
6.50	47.20	53.62	65.42	84.20	84. »	59.60	67.73	82.64	106.35
7. »	47.55	54.03	65.91	84.83	84.50	59.96	68.14	83.13	106.98
7.50	47.90	54.43	66.41	85.46	85. »	60.31	68.54	83.62	107.62
8. »	48.25	54.83	66.90	86.10	85.50	60.67	68.94	84.12	108.25
8.50	48.61	55.23	67.39	86.73	86. »	61.02	69.35	84.61	108.88
9. »	48.96	55.64	67.88	87.36	86.50	61.38	69.75	85.10	109.52
9.50	49.32	56.04	68.37	87.99	87. »	61.73	70.15	85.59	110.15
0. »	49.67	56.44	68.87	88.63	87.50	62.09	70.56	86.08	110.78
0.50	50.03	56.85	69.36	89.26	88. »	62.44	70.96	86.57	111.42
1. »	50.38	57.25	69.85	89.89	88.50	62.80	71.36	87.07	112.05
1.50	50.74	57.65	70.34	90.53	89. »	63.15	71.77	87.56	112.68
2. »	51.10	58.06	70.83	91.16	89.50	63.51	72.17	88.05	113.31
2.50	51.45	58.46	71.33	91.79	90. »	63.86	72.57	88.54	113.95
3. »	51.80	58.86	71.82	92.43	90.50	64.21	72.98	89.03	114.58
3.50	52.15	59.27	72.31	93.06	91. »	64.57	73.38	89.53	115.21
4. »	52.51	59.67	72.80	93.69	91.50	64.92	73.78	90.03	115.85
4.50	52.87	60.07	73.29	94.32	92. »	65.28	74.19	90.51	116.48
5. »	53.22	60.48	73.78	94.96	92.50	65.63	74.59	91. »	117.11
5.50	53.57	60.88	74.28	95.59	93. »	66. »	74.99	91.49	117.75
6. »	53.93	61.28	74.77	96.22	93.50	66.34	75.39	91.99	118.38
6.50	54.28	61.69	75.26	96.86	94. »	66.70	75.80	92.48	119.01
7. »	54.64	62.09	75.75	97.49	94.50	67.05	76.20	92.97	119.64
7.50	55. »	62.49	76.24	98.12	95. »	67.41	76.60	93.46	120.28
8. »	55.35	62.90	76.74	98.76	95.50	67.76	77.01	93.95	120.91
8.50	55.70	63.30	77.23	99.39	96. »	68.12	77.41	94.44	121.54
9. »	56.06	63.70	77.72	100.02	96.50	68.47	77.81	94.94	122.18
9.50	56.41	64.11	78.21	100.65	97. »	68.83	78.22	95.43	122.81
0. »	56.77	64.51	78.70	101.29	97.50	69.18	78.62	95.92	123.44
0.50	57.12	64.91	79.20	101.92	98. »	69.54	79.02	96.41	124.08
1. »	57.48	65.31	79.69	102.55	98.50	69.90	79.43	96.90	124.71
1.50	57.83	65.72	80.18	103.19	99. »	70.25	79.83	97.40	125.34
2. »	58.19	66.12	80.67	103.82	99.50	70.60	80.23	97.89	125.97

si 157 k coûtent	PRIX de 88 k.	100 k.	122 k.	124 k.
40. .	22.41	25.48	31.07	31.58
40.50	22.69	25.80	31.46	31.97
41. »	22.97	26.11	31.85	32.37
41.50	23.25	26.43	32.34	32.76
42. »	23.53	26.75	32.63	33.16
42.50	23.81	27.07	33.02	33.55
43. »	24.09	27.38	33.40	33.95
43.50	24.37	27.70	33.80	34.34
44. »	24.65	28.02	34.18	34.74
44.50	24.93	28.34	34.57	35.13
45. »	25.21	28.66	34.96	35.53
45.50	25.49	28.98	35.34	35.92
46. »	25.77	29.29	35.73	36.32
46.50	26.05	29.61	36.12	36.71
47. »	26.33	29.93	36.51	37.11
47.50	26.61	30.25	36.90	37.50
48. »	26.89	30.57	37.28	37.90
48.50	27.17	30.89	37.67	38.29
49. »	27.45	31.21	38.06	38.69
49.50	27.73	31.52	38.45	39.08
50. »	28.01	31.84	38.84	39.48
50.50	28.29	32.16	39.23	39.87
51. »	28.57	32.48	39.61	40.27
51.50	28.85	32.80	40. »	40.66
52. »	29.13	33.12	40.39	41.06
52.50	29.41	33.43	40.78	41.45
53. »	29.69	33.75	41.17	41.85
53.50	29.97	34.07	41.55	42.24
54. »	30.25	34.39	41.94	42.64
54.50	30.53	34.71	42.33	43.03
55. »	30.81	35.03	42.72	43.42
55.50	31.09	35.35	43.11	43.82
56. »	31.37	35.67	43.50	44.21
56.50	31.65	35.98	43.88	44.61
57. »	32.93	36.30	44.27	45. »

si 157 k coûtent	PRIX de 88 k.	100 k.	122 k.	124 k
57.50	32.21	36.62	44.66	45.4
58. »	32.49	36.94	45.04	45.8
58.50	32.77	37.26	45.43	46.2
59. »	33.05	37.57	45.82	46.5
59.50	33.33	37.89	46.21	46.9
60. »	33.61	38.21	46.60	47.3
60.50	33.89	38.51	46.98	47.7
61. »	34.17	38.83	47.37	48.1
61.50	34.45	39.15	47.76	48.5
62. »	34.73	39.46	48.15	48.9
62.50	35.01	39.78	48.54	49.36
63. »	35.29	40.10	48.92	49.75
63.50	35.57	40.42	49.31	50.15
64. »	35 85	40.74	49.70	50.54
64.50	36.13	41.05	50.09	50.94
65. »	36.41	41.37	50.48	51.33
65.50	36.69	41.69	50.86	51.73
66. »	36.97	42. »	51.25	52.12
66.50	37.25	42.33	51.64	52.52
67. »	37.53	42.64	52.03	52.91
67.50	37.81	42.96	52.42	53.31
68. »	38.09	43.28	52.81	53.70
68.50	38.37	43.59	53.20	54.10
69. »	38.65	43.92	53.58	54.49
69.50	38.93	44.24	53.97	54.89
70. »	39.21	44.55	54.35	55.28
70.50	39.50	44.87	54.74	55.68
71. »	39.77	45.19	55.13	56.07
71.50	40.05	45.51	55.52	56.47
72. .	40.33	45.83	55.91	56.86
72.50	40.61	46.15	56.29	57.26
73.	40.89	46.46	56.69	57.65
73.50	41.17	46.78	57.07	58.05
74. .	41.45	47.10	57.46	58.44
74.50	41.73	47.42	57.85	58.84

si 7 k ûtent	PRIX de				si 157 k coûtent	PRIX de			
	88 k.	100 k.	122 k.	124 k.		88 k.	100 k.	122 k.	124 k.
5. »	42.01	47.73	58.24	59.23	92.50	51.81	58.86	71.82	73.07
5.50	42.29	48.05	58.62	59.63	93. »	52.10	59.18	72.20	73.46
6. »	42.57	48.37	59. »	60.02	93.50	52.37	59.50	72.59	73.86
6.50	42.85	48.69	59.40	60.42	94. »	52.65	59.82	72.98	74.25
7. »	43.14	49. »	59.79	60.81	94.50	52.92	60.14	73.37	74.65
7.50	43.41	49.33	60.17	61.21	95. »	53.20	60.45	73.75	75.04
8. »	43.69	49.64	60.56	61.60	95.50	53.48	60.77	74.14	75.44
8.50	43.97	49.96	60.95	62. »	96. »	53.76	61.09	74.52	75.83
9. »	44.25	50.28	61.34	62.39	96.50	54.04	61.40	74.91	76.23
9.50	44.53	50.60	61.73	62.79	97 »	54.32	61.72	75.30	76.62
0. »	44.81	50.91	62.12	63.18	97.50	54.60	62.04	75.69	77.02
0.50	45.09	51.23	62.50	63.58	98. »	54.88	62.36	76.08	77.41
1. »	45.37	51.55	62.89	63.97	98.50	55.16	62.67	76.46	77.81
1.50	45.65	51.85	63.28	64.37	99. »	55.44	62.99	76.85	78.20
2. »	45.93	52.19	63.67	64.76	99.50	55.72	63.31	77.24	78.60
2.50	46.21	52.50	64.04	65.16	100. »	56. »	63.63	77.63	78.99
3. »	46.50	52.82	64.44	65.55	100.50	56.28	63.95	78.02	79.39
3.50	46.78	53.14	64.83	65.95	101. »	56.56	64.26	78.40	79.78
4. »	47.05	53.46	65.22	66.34	101.50	56.84	64.58	78.79	80.18
4.50	47.34	53.78	65.61	66.74	102. »	57.12	64.90	79.18	80.57
5. »	47.61	54.10	65.99	67.13	102.50	57.40	65.23	79.57	80.97
5.50	47.90	54.41	66.38	67.53	103. »	57.68	65.54	79.96	81.36
6. »	48.17	54.73	66.77	67.92	103.50	57.96	65.85	80.34	81.76
6.50	48.45	55.05	67.16	68.32	104. »	58.24	66.17	80.73	82.15
7. »	48.73	55.36	67.55	68.71	104.50	58.52	66.49	81.12	82.55
7.50	49.01	55.68	67.94	69.11	105. »	58.80	66.81	81.51	82.94
8. »	49.30	56. »	68.32	69.50	105.50	59.08	67.13	81.90	83.34
8.50	49.57	56.32	68.71	69.90	106. »	59.36	67.44	82.29	83.73
9. »	49.85	56.64	69.10	70.29	106.50	59.64	67.77	82.67	84.13
9.50	50.13	56.95	69.49	70.69	107. »	59.92	68.08	83.06	84.52
0. »	50.41	57.27	69.87	71.09	107.50	60.20	68.40	83.45	84.92
0.50	50.69	57.59	70.26	71.49	108. »	60.48	68.72	83.84	85.31
1. »	50.97	57.91	70.65	71.88	108.50	60.76	69.03	84.22	85.71
1 50	51.25	58.23	71.04	72.28	109. »	61.04	69.35	84.61	86 10
2. »	51.53	58.55	71.43	72.67	109.50	61.32	69.67	85.01	86.50

A la même Librairie.

L'IMMENSE TRÉSOR *des Sciences et des* [illegible] ou les secrets de l'industrie dévoilés, cont[illegible] environ MILLE recettes ou procédés, par [illegible] CHEVALIER, pharmacien chimiste, membre [illegible] plusieurs sociétés savantes, in-8, (franco) [illegible]

LE MÉDECIN, *le Chirurgien et le Pharmacien* [illegible] *la maison*, par GONTIER DE CHABANNES, [illegible] (franco) 5 fr.

LE CODE de TOUT le MONDE, par M. [illegible] MAUGER, in-8, d'environ 500 pages (franco) [illegible]

LE MAITRE JARDINIER, manuel complet d'[illegible]ticulture, par GONTIER DE CHABANNES, in[illegible] (franco) 2 25.

CUBAGE DE BOIS, par VIENNOT, géomètre [illegible] cadastre, in-18, 1 fr. (franco).

NOUVEAU MANUEL du MÉTRAGE, cubage [illegible] solides et des bois, in-12 (franco) 2 25.

LE PÉTITIONNAIRE UNIVERSEL, par [illegible] DOLIVET, in-12, 1 50 (franco).

LE NOUVEL ÉCRIVAIN PUBLIC, in-12 (fra[illegible] 1 fr.

LE LIVRE D'OR des MÉNAGES, par D[illegible] agronome distingué, in-12 (franco) 3 fr.

GUIDE GÉNÉRAL de *l'Entrepreneur*, de *l'Ouv[illegible]* *en bâtiment* et du *Propriétaire*, par le [illegible] in-12, 3 fr.

Le PARFAIT MAITRE de CHAI, guide com[illegible] relatif aux caves et aux liquides, avec [illegible] planches, par PEYROUX (franco) 5 fr.

www.ingramcontent.com/pod-product-compliance
Lightning Source LLC
LaVergne TN
LVHW010105230826
846091LV00005B/2094

9782011265760